Kunst Lab für kleine Kinder

Kunst Lab für kleine Kinder

52 spielerische Projekte für Kindergarten- und Vorschulkinder

Susan Schwake
Fotos Rainer Schwake

EDITION FISCHER

Bibliografische Information der Deutschen Bibliothek.

Die Deutsche Bibliothek verzeichnet diese Publikation in der deutschen Nationalbibliografie.
Detaillierte bibliografische Daten sind im Internet über http://www.d-nb.de/ abrufbar.

Die im Buch veröffentlichten Aussagen und Ratschläge wurden von Verfasser und Verlag sorgfältig
erarbeitet und geprüft. Eine Garantie für das Gelingen kann jedoch nicht übernommen werden,
ebenso ist die Haftung des Verfassers bzw. des Verlages und seiner Beauftragten für Personen-, Sach-
und Vermögensschäden ausgeschlossen.

Bei der Verwendung im Unterricht ist auf dieses Buch hinzuweisen.

EIN BUCH DER EDITION MICHAEL FISCHER

1. Auflage 2013

Alle Rechte der deutschsprachigen Ausgabe bei
© Edition Michael Fischer GmbH, Igling
© 2013 Quarry Books
Text © 2013 Bridget Thibeault
Fotos © 2013 Quarry Books

Erstveröffentlicht bei Quarry Books

Titel der Originalausgabe:
Art Lab for little Kids

Aus dem Englischen übertragen von: Beate Wellmann
Gesamtherstellung: Markus Kieninger

ISBN: 978-3-86355-161-2

www.editionfischer.de

Widmung

Dieses Buch ist in Liebe meinen beiden (nicht mehr ganz so)
kleinen Kindern Grace und Chloe gewidmet, die so kreativ
und liebevoll sind, wie ich es mir nie hätte vorstellen können.

Inhalt

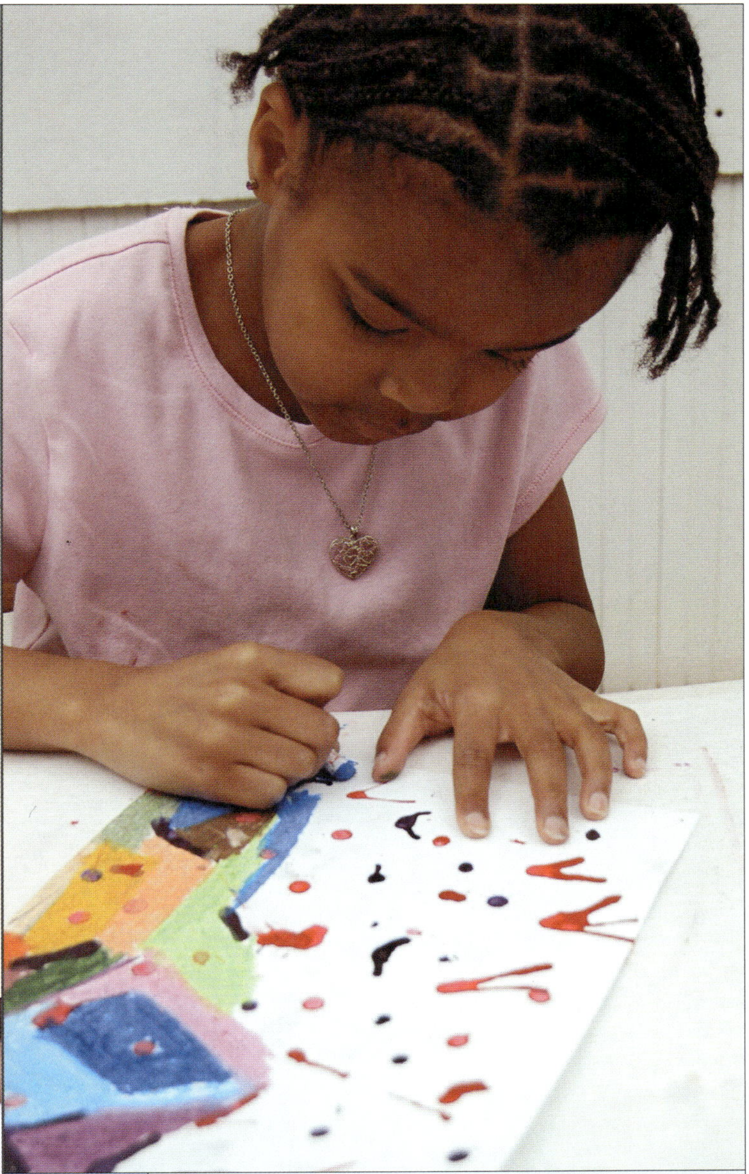

Einleitung

DIESES BUCH IST EINE ZUSAMMENSTELLUNG von Projekten für die kleineren Mitglieder Ihrer Familie, diejenigen, die noch nicht groß genug sind, um mit am Tisch zu sitzen. Wenn Sie diesen Kleinen genau zuhören und ihnen die entsprechenden Möglichkeiten geben, werden Sie mit Sicherheit überrascht sein von ihrer Neugier, ihrer Kreativität und ihren ganz erstaunlichen Fähigkeiten. In den letzten zwanzig Jahren habe ich das Vergnügen gehabt, mit Menschen aller Altersgruppen unter ganz unterschiedlichen Bedingungen Kunst zu machen. Jedes Mal, wenn ich mit einer gemischten Gruppe arbeite, stelle ich fest, dass es immer die kleineren Kinder sind, die sich vom ersten Moment an mit größter Ernsthaftigkeit und Begeisterung einem Projekt widmen. Manchmal agieren sie, ein andermal beobachten sie nur, aber immer sind sie voll und ganz bei der Sache. Ich bin fest davon überzeugt, dass jeder Mensch von Geburt an kreativ ist und dass es ungemein wichtig ist, diese Eigenschaft schon in jungen Jahren zu fördern. Es sind die Kreativen unter uns, die uns helfen, die größten Herausforderungen im Leben zu bewältigen. Ich hoffe sehr, dass dieses Buch Ihnen Anregungen geben kann, wie Sie sich mit einem Kind künstlerisch betätigen können, es spielerisch an die Kunst heranführen und seine schlummernde Kreativität fördern können.

Vorbereitungen

DIESES KAPITEL ZEIGT IHNEN, wie man mit Kindern Kunst machen kann und stressfrei alles unter Kontrolle behält, ganz gleich wie viel Platz Ihnen zur Verfügung steht. Vielleicht möchten Sie an einem Schreibtisch arbeiten oder lieber am Küchentisch? Keine Sorge, mit ein paar Vorbereitungen findet jeder einen geeigneten Platz. Es kann schon eine echte Herausforderung darstellen, zu Hause oder in einem Klassenzimmer einen Arbeitsplatz für kreatives Schaffen herzurichten, aber die folgenden Listen und Ratschläge werden Ihnen dabei helfen. Für kleinere Kinder ist es besonders wichtig, dass Tisch und Stuhl der Körpergröße angepasst sind. Auf einem zu niedrigen Stuhl herumzurutschen oder sich darauf knien zu müssen, um an die Arbeitsfläche zu kommen, erschwert den Anfang einer Künstlerkarriere erheblich. Achten Sie auf die passende Höhe, entspannen Sie sich, und dann läuft alles wie von selbst.

Eine Liste nützlicher und notwendiger Dinge

Ein kreativer Arbeitsplatz, an dem Kunst entstehen soll, sollte in einer angenehmen Umgebung eingerichtet werden, am besten an einem Ort, an dem es nichts ausmacht, wenn einmal etwas schmutzig wird. Je kleiner die Kinder sind, mit denen man eigentlich basteln und malen möchte, desto größer sind die Bedenken, dass die Wohnungseinrichtung den Basteltag nicht ganz unbeschadet überstehen könnte. Diese Bedenken sollten aber dem Kunstschaffen keinesfalls im Wege stehen! Wenn Sie keinen Raum zur Verfügung haben, den Sie für diesen Zweck herrichten können, dann sollten Sie eine Kiste mit all dem zusammenstellen, was man so braucht. Dazu gehören unbedingt Plastikplanen für Tisch und Boden. Bringen Sie alles in einem großen Plastikcontainer unter – zusammen mit anderen Teilen Ihrer Grundausrüstung. So ist immer alles schön beisammen, wenn es gebraucht wird, und man kann sich gleich auf die kreative Arbeit konzentrieren.

Die folgende Liste, die von einfachen Möbeln bis hin zur Grundausstattung an Materialien reicht, soll Ihnen helfen, eine Kunstecke einzurichten oder eine Kunstkiste zusammenzustellen. Am einfachsten und natürlich am günstigsten ist es, wenn man diese Ausrüstung über einen längeren Zeitraum hinweg zusammenträgt. Vieles von dem, was man gut gebrauchen kann, ist aber sicher schon in Ihrem Haushalt vorhanden. Wenn Sie Material kaufen, achten Sie darauf, dass es für Kinder geeignet ist. Die Ausrüstung sollte in beschrifteten Kartons in einem Regal untergebracht werden, damit sie jederzeit gut erreichbar ist. Kleine Behälter und Plastikbecher braucht man, um für jüngere Kinder kleinere Materialmengen abfüllen zu können. Wenn die Auswahl an interessanten Dingen im Arbeitsbereich zu groß ist, sind kleinere Kinder schnell verwirrt und entsprechend frustriert. Ach ja, und denken Sie bitte daran, dass Sie nicht alles, noch nicht einmal die meisten von den aufgelisteten Dingen, gleich zu Anfang brauchen! Im Übrigen ist die Liste mehr oder weniger nach Prioritäten geordnet.

1. Natürliches Licht und/oder eine gute Beleuchtung von oben. Eine eigene Lampe am Arbeitsplatz, wie zum Beispiel eine Klemmlampe, die am Tisch befestigt werden kann, eignet sich für die Arbeit in kleinen Gruppen.
2. Ein stabiler Tisch mit Stühlen, der Körpergröße der Kinder angepasst. Die Tischplatte sollte den Künstlern im Stehen bis zur Taille reichen, im Sitzen sollten sie die Füße fest auf den Boden stellen können. Wenn Kinder an einem größeren Tisch und auf höheren Stühlen sitzen, brauchen sie eine stabile Fußstütze. Viele Künstler (jeden Alters) arbeiten lieber im Stehen, dann sollte sich die Arbeitsfläche auf Taillenhöhe befinden.
3. Eine Plastikplane schützt den Tisch, der ja meist nicht nur für die Kunst gebraucht wird. Wenn die Abdeckung ins Rutschen kommt, kleben Sie sie mit kräftigem Klebeband fest. Eine Plastikplane unter dem Arbeitsbereich schützt den Boden.

4. Wasser sollte unbedingt in erreichbarer Nähe sein. Ideal ist natürlich ein Waschbecken im Zimmer, aber man kann sich auch mit Eimern behelfen. Man braucht Eimer mit Wasser und leere Eimer, in die man das verschmutzte Wasser ausleeren kann. Eine Plane oder Tischdecke aus Plastik unter den Eimern schützt den Boden. Heben Sie große und kleine Plastikbehälter auf – es spielt keine Rolle, ob sie eckig oder rund sind –, als Wassergefäße leisten sie gute Dienste. Achten Sie darauf, dass die Behälter relativ flach sind, weil kleine Kinder dann leichter damit umgehen können.

5. Bitte denken Sie daran, dass auch auswaschbare Farben und Marker sich nicht völlig auswaschen lassen. Kleinere Kinder und nicht besonders vorsichtige Erwachsene (wie ich) sollten unbedingt einen Kittel oder eine Schürze tragen. Lange Haare zusammenzubinden, ist ebenfalls eine gute Idee.

6. Zeitungspapier ist ungeheuer vielseitig verwendbar zur Schmutzbekämpfung.

7. Schachteln, große Taschen und Regale zur Aufbewahrung des Materials. Beschriften erleichtert das Wiederfinden ungemein!

8. Plexiglasplatten (etwa 20 cm x 25 cm), eine für jeden Künstler, sind wunderbar als Druckplatte oder Palette geeignet. Sie halten ewig und sind leicht zu reinigen. Eierkartons aus Plastik oder kleine Plastikbecher sind ebenfalls praktisch als Farbbehälter.

9. Wachspapier und Aluminiumfolie.

10. Hartfaserplatten oder Plexiglasscheiben als Unterlage zum Zeichnen oder Malen.

11. Mehrere Rollen transparentes und farbiges Klebeband, Malerkrepp und festes Gewebeband.

12. Verschiedenes Papier: Druckerpapier (90 g/m²), Zeichenpapier (130 g/m²), Aquarellpapier (190 oder 300 g/m²), fester Zeichenkarton und jede Menge buntes und gemustertes Papier.

13. Marker in allen Farben und Stärken. Außerdem schwarze Permanentmarker, Wachsmalstifte, Öl- und Pastellkreiden, Bleistifte in unterschiedlichen Härtegraden, Zeichenkohle, Buntstifte, Knetradierer, weiße Plastikradiergummis und Anspitzer. Wenn Sie die Wahl haben, entscheiden Sie sich für möglichst große Wachsmalstifte und Ölkreiden.

14. Wasserfarben, Acrylfarben (flüssig und dickflüssig), Temperafarben, Gouache und Tusche.

15. Druckfarbe auf Wasserbasis in Schwarz und anderen Farben.

16. Walzen zum Auftragen der Farbe beim Drucken und bei Mischtechniken.

17. Pinsel in unterschiedlichen Stärken und Formen: weiche Haarpinsel für Wasserfarben und Tusche, Nylon- oder Borstenpinsel für Acrylfarben.

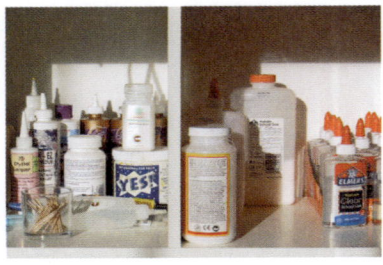

18. Ausrangierte Dinge wie Zeitschriften, Grußkarten, Bonbonpapier, alte Briefe, Millimeterpapier, buntes Geschenkpapier, Landkarten, alte Fotografien, misslungene Kunstwerke, aussortierte Bücher, Aufkleber, Stempelkissen, Eisstiele, Eierkartons aus Pappe und Plastik, Woll- und Garnknäuel, Stickgarn, Stickrahmen, Stoffreste, Wattestäbchen, Wattebällchen, Knöpfe, Federn, Borten, Wollvlies, alte Tischsets und Bilderrahmen.

19. Fundstücke zum Drucken oder Texturieren beim Zeichnen. Nützlich sind: Korken, Holzklötzchen, Schwämmchen, Unterlegscheiben aus Metall, Deckel von Sprühflaschen oder –dosen, Wellpappe, Spitze, Holzstäbchen, Bleistifte mit Radierer, Ausstechformen für Plätzchen, Trinkhalme, Plastikspielzeug, kleine Spielzeugautos, Papprollen, Schrauben, Muttern, Nägel, Styropor, Knöpfe oder andere Dinge mit interessanten Formen und Texturen. Vorgefertigte Texturplatten aus Plastik bekommt man in Geschäften für Künstlerbedarf oder über das Internet.

20. Klebstoffe wie Weißleim, transparenter Klebstoff, Papierklebestifte, E6000 Superkleber, Holzleim, Heißklebepistole. Nur die ersten drei Kleber von dieser Liste sind für Kinderhände geeignet!

21. Malpappe, Papier mit Leinenstruktur, Leinwand auf Keilrahmen, Leinwand, Holzreste, glattes Birkensperrholz, Passepartoutkarton, Zeichenkarton, Pappe und Hartfaserplatte. Die Materialien, die Holzbestandteile haben, findet man oft günstig in der Resteecke der Holzhandlung, des Baumarkts oder einer Rahmenhandlung. Fragen Sie einfach danach. Wenn diese Platten als Malgrund dienen sollen, müssen sie zuerst mit Acryl-Gesso grundiert werden. Sind sie sehr groß, sollte man beide Seiten grundieren, damit das Material sich nicht verzieht.

22. Küchenutensilien sind vielfältig in der Kunst einsetzbar: Plastikschüsseln, Holzlöffel, Schwämme, Spülbürsten und Plastikbesteck. Auch Flüssig-seife, Trinkhalme, altes Backpapier, Küchentücher, Spüllappen, gereinigte

Styroporschalen von Obst- oder Gemüseverpackungen aus dem Supermarkt und Wachs- oder Butterbrotpapier leisten gute Dienste.

23. Büromaterial wie Lineale, Hefter, Büroklammern, Papierklemmen, Reißzwecken, Gummistempel und Gummiringe.

24. Werkzeug: Hammer, Schraubenzieher, Farbdosenöffner, Bandmaß, Nägel, Schrauben, Unterlegscheiben, Sandpapier mit unterschiedlicher Körnung und Schaumstoffpinsel.

25. Überlegen Sie schon jetzt, wo die fertigen Kunstwerke ausgestellt werden sollen! Eine Korkplatte, eine Schnur mit Klammern oder eine freie Wand.

26. Bewahren Sie die Kunstwerke in einer Mappe aus Pappe, einem alten Zeitschriftenhalter, einer tiefen Schublade oder einem Regal auf.

Grundlegendes zum Umgang mit Materialien
Einen Platz zum Zeichnen einrichten

Wenn man mit Kindern zeichnen will, gibt es recht wenig vorzubereiten und nur wenig aufzuräumen und sauberzumachen. Abgesehen von Tusche kann eigentlich nichts umkippen und auslaufen.

Wenn man die Tusche aber in kleinen wieder befüllbaren Fläschchen oder flachen Schälchen auf den dick mit Zeitungspapier ausgelegten Tisch stellt, kann nicht allzu viel passieren.

Bei der Arbeit mit Pastellkreiden oder Kohle ist es sinnvoll, ein feuchtes Küchentuch in Reichweite zu haben, damit man sich zwischendurch die Hände sauber machen kann.

Wenn man ohne Tisch oder im Freien arbeitet, braucht man ein Zeichenbrett. Man kann es zum Beispiel aus einer Hartfaserplatte oder Plexiglas zuschneiden lassen. Das Papier wird mit Malerkrepp oder Papierklammern darauf befestigt.

Fixierspray für Kohle oder Pastellzeichnungen sollte ausschließlich von einem Erwachsenen und nur im Freien aufgesprüht werden. Damit die Schicht gleichmäßig wird, halten Sie die Spraydose etwa eine Armlänge vom Papier entfernt und tragen die Fixierung mit einer Scheibenwischer-Bewegung auf.

Einen Platz zum Malen einrichten

Richten Sie den Arbeitsplatz immer in derselben Weise her, das erleichtert das Arbeiten ungemein. Wenn alles immer an dem gewohnten Platz ist, können Sie sich ganz auf das Malen konzentrieren und es wird so schnell auch nichts umgestoßen. Legen Sie den Tisch mit Wachspapier, einer Plastiktischdecke oder einer dicken Lage Zeitungspapier aus. Der Boden wird mit einer Plane oder Tischdecke aus Plastik geschützt.

Wenn Sie Rechtshänder sind, legen Sie ein zusammengefaltetes Blatt Zeitungspapier rechts von Ihrem Malgrund bereit, wenn Sie Linkshänder sind, links davon. Das ist der Platz für Ihren Wasserbecher, die Pinsel und den Eierkarton aus Plastik mit Ihren Farben. Ein weiteres gefaltetes Stück Zeitungspapier ist griffbereit, um Wasser oder überschüssige Farbe abzutupfen. So sollten Sie gut gegen mögliche Unfälle gewappnet sein.

Bei der Arbeit mit Acrylfarben gibt man am besten nur eine münzgroße Menge Farbe in die Vertiefungen des Eierkartons. Ein paar Mulden sollten zum Mischen freibleiben. Raten Sie Kindern, die Farben mit Holzstäbchen (z. B. Eisstielen) zu mischen und geben Sie ihnen einen Extrapinsel für jede Farbe. Auf diese Weise muss man Pinsel nicht so oft auswaschen, die Farben werden nicht verwässert und auch das Wasser zum Auswaschen der Pinsel bleibt viel länger frisch.

Einen Platz zum Drucken einrichten

Auch dieser kreative Arbeitsplatz muss zuallererst einmal geschützt werden. Legen Sie ihn mit fünf aufgeschlagenen Zeitungsbögen aus. Zehn Lagen sind empfehlenswert, dann können Sie zwischendurch immer eine verschmutzte Schicht entsorgen. Stellen Sie einen flachen Behälter mit Wasser bereit, in dem Sie die Walze zwischen den einzelnen Druckgängen säubern können. Mit einem feuchten Küchentuch in Reichweite können Sie sich immer mal wieder die Hände abwischen.

Auf eine Plexiglaspalette oder eine flache Styroporschale kommt die Druckfarbe, eine zweite Palette kann für Monotypien benutzt werden. Rollen Sie die Farbe mit der Walze auf dem Träger, vom Körper weg, aus. Der Streifen sollte so breit wie die Walze und so lang wie der Träger aus Plexiglas oder Styropor sein. Ziehen Sie dann die Walze wieder zu sich heran. Wiederholen Sie das Verfahren so lange, bis die Farbe ganz weich und glatt ist. Jetzt kann es mit dem Drucken losgehen!

Drucken Sie mit Fundstücken wie Korken, Holzklötzchen, Schwämmchen, Unterlegscheiben aus Metall, Wellpappe, Spitze, Holzstäbchen, Bleistiften mit Radierer, Ausstechformen für Plätzchen, Trinkhalmen, Plastikspielzeug, kleinen Spielzeugautos, Papprollen, Schrauben, Muttern, Nägeln, Styropor, Muscheln, Samenkapseln, alten Zahnbürsten, Knöpfen oder anderen Dingen mit interessanten Formen. Bitte vergessen Sie nicht, dass Kleinkinder alles in den Mund stecken. Lassen Sie die verschluckbaren Teile nie aus den Augen – am besten bringen Sie sie außer Reichweite unter, wenn Sie mit kleinen Kindern drucken.

Papier und Mischtechniken

Werfen Sie kein Papier weg! Von Werbeprospekten bis zu wunderschönem handgeschöpftem Papier kann alles verwendet werden, auch alte Briefe, Briefmarken, Bonbonpapier, Grußkarten, Fahrscheine und Eintrittskarten, aussortierte Bücher und Wörterbücher, Tapeten-Musterbücher, Millimeterpapier, Rechnungsbücher, buntes Geschenkpapier und Verpackungen von Frühstücksflocken. Bewahren Sie Ihre Schätze in einer Schachtel auf, winzige Stückchen gehören in einen Umschlag, damit sie nicht verloren gehen.

Papier kleben, reißen und schneiden

Damit Ihr Kunstwerk nicht durch Klebstoffspuren verunstaltet wird, legen Sie das Papier, das Sie aufkleben wollen, bitte auf ein Blatt Schmierpapier, wenn Sie es mit Kleber bestreichen.

Je nachdem, ob man Papier reißt oder schneidet, entstehen ganz unterschiedliche Ränder. Eine gerissene Kante ist weich und organisch, eine Schnittkante ist gerade und scharf.

Man kann Papier auf verschiedene Weise reißen. Bedrucktes oder farbiges Papier verhält sich dabei anders als weißes. Zerreißt man es von oben nach unten, wobei die linke Hand hält und die rechte führt, entsteht bei dem linken Stück ein weißer Rand. Manchmal ist so ein Rand einfach perfekt für einen bestimmten Effekt. Um kontrolliert zu reißen, sollte man die Finger möglichst fest zusammendrücken.

Will man eine gerade, etwas ausgefaserte Kante erhalten, faltet man das Papier an der Bruchlinie und knifft es mehrmals – einmal von links, einmal von rechts –, um die Fasern zu brechen. Halten Sie das Papier beim Reißen mit einer Hand nah an der Bruchkante fest und reißen Sie entlang der gefalteten Linie.

Auf dickem, handgeschöpftem Papier sollte man die Risskante mit einem nassen Pinsel anzeichnen und das Papier dann an dieser Linie auseinanderziehen.

Wenn man Papier mit einer Schere schneidet, entsteht immer eine scharfe Kante. Haben Sie einen sehr großen Bogen, sollten Sie ihn vielleicht in kleinere Segmente zerteilen, bevor Sie die eigentlichen Schnitte vornehmen. Wenn man ein kleines Teil mitten aus einem Blatt herausschneiden möchte, schneidet man am besten in das betreffende Stück hinein und entfernt dann das überschüssige Papier darum herum.

Texturplatten

Texturplatten sind strukturierte Plastikplatten, die man bei jedem Händler für Künstlerbedarf bekommen kann. Ich habe nach zwanzig Jahren immer noch dieselben sechs Platten in Gebrauch und sie kommen beinahe jede Woche auf unterschiedliche Weise zum Einsatz. Man kann sie durch Fundstücke ersetzen oder zusammen mit anderen Dingen wie den Sohlen von Turnschuhen oder Flip-Flops, Münzen, Blättern Farn, Spitze, Wellpappe benutzen. Es eignet sich eigentlich alles, was man unter ein Blatt Papier legen kann, über das man dann mit einem Wachsmalstift oder Ölkreide reiben kann.

Textilien

Kleine Kinder mögen verschiedene Stoffe und Applikationen, die sich ganz unterschiedlich anfühlen. Schachteln mit Spitze, Wolle, Stoff und Knöpfen sollten also unbedingt zu Ihrer Ausrüstung gehören. Schneiden Sie Stoff und Spitze in kleine Stücke, denn kleine Hände und Kinderscheren kommen mit großen Teilen nur schwer zurecht. Garn und Wolle lassen sich leichter handhaben, wenn sie auf eine Spule oder zu einem Knäuel gewickelt sind. Denken Sie immer daran, wie winzig Kinderhände sind, und halten Sie das Material in entsprechender Größe bereit.

Ton

Verwenden Sie bei der Arbeit mit kleinen Kindern immer niedrig sinternden Ton, der bei relativ niedrigen Temperaturen (um 1000 °C) gebrannt wird. Sie können dann die ungiftigen Unterglasuren zum Bemalen verwenden und brauchen nicht die gefährlicheren Glasuren für höhere Brenntemperaturen. Schlagen Sie die Brenndauer für den Ton nach, den Sie ausgewählt haben. Wenn Ihnen kein eigener Brennofen zur Verfügung steht, sehen Sie sich nach einer Töpferei, einer Hobbywerkstatt oder einer Schule um, die das Brennen der fertigen Werke für Sie übernimmt.

Es ist außerordentlich wichtig, so wenig Staub wie nur irgend möglich zu produzieren, keinesfalls dürfen Sie dem natürlich doch entstandenen trockenen Tonstaub mit einer Bürste oder einem Besen zu Leibe rücken! Arbeiten Sie auf einem Brett oder einem festen Stück Stoff, damit der Ton an einem Ort bleibt, und reinigen Sie die Oberfläche mit einem feuchten Schwamm. Übrig gebliebener Ton sollte in der Originalverpackung aufbewahrt werden. Waschen Sie sich nach der Arbeit die Hände mit Wasser und Seife und bitte wirklich nie trocken fegen!

Frischen Ton, der direkt aus der Verpackung kommt, braucht man nicht durchzuwalken. Ton, der schon einmal benutzt wurde, sollte kräftig gewalkt werden, um alle Luftblasen zu entfernen, bevor man ihn wiederverwendet. Schieben Sie dazu die Teile auf einem Brett zusammen und kneten Sie ihn ähnlich wie einen Brotteig. Drücken Sie ihn zusammen, formen Sie eine Kugel, aber bitte schlagen Sie ihn nicht übereinander, schließlich wollen Sie die Luftblasen ja entfernen und nicht neue produzieren (siehe Abbildung 1)!

Abbildung 1: *Walken Sie den Ton durch.*

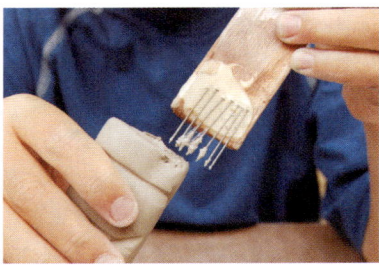

Abbildung 2: *Mit einem Werkzeug wird der Ton aufgeraut.*

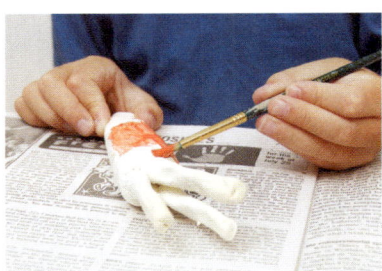

Abbildung 3: *Tragen Sie Glasur auf den gebrannten Rohling auf.*

Bläschen in der Limo = lustiges Kitzeln auf der Zunge, Bläschen im Ton = kaputtes Kunstwerk.

Wenn Sie zwei Stücke Ton miteinander verbinden wollen, müssen beide Oberflächen angeraut werden. Meine Freundin Megan Bogonovich, eine Keramikkünstlerin, hat diese genialen Werkzeuge aus einer Holzlatte, Epoxidharz und Nähnadeln hergestellt (siehe Abbildung 2). Sie sind wirklich spitze! Sie sind einfach zu machen und funktionieren ausgezeichnet. Solange Sie noch kein spezielles Werkzeug haben, benutzen Sie einfach irgendetwas anderes, zum Beispiel eine Nadel, um den Ton anzurauen. Was auch immer Sie verwenden, es ist scharf und spitz! Gehen Sie vorsichtig damit um und überwachen Sie die kleinen Künstler. Zeigen Sie den Kindern genau, wie man solches Werkzeug handhabt, und sie werden es mit dem nötigen Respekt behandeln. Nach dem Aufrauen geben Sie ein bisschen Wasser in die Rillen, damit der Ton breiig wird, drücken die Teile zusammen und streichen den Ansatz glatt. Wenn das Objekt knochentrocken ist – es darf sich nicht mehr kühl anfühlen –, kann man es mit samtiger Unterglasur versehen. Der Rohling wirkt zwar schon recht solide, ist aber in ungebranntem Zustand noch äußerst empfindlich. Ich habe gute Erfahrungen damit gemacht, wenn kleine Kinder

Abbildung 4: *Papiermachee „klebriges Zeug."*

das Objekt ausschließlich mit dem Pinsel berühren. Sie drehen dann nur das Zeitungspapier, auf dem das Objekt steht, niemals das Objekt selbst. Die Glasur eignet sich auch für die Schrühware, so heißt der Rohling nach einem Brenngang, in dem das Silizium schmilzt und aushärtet. Man sollte zum Auftragen der Glasur immer ganz weiche Pinsel verwenden, damit sie auch alle Vertiefungen und Eckchen erreichen kann (siehe Abbildung 3).

Papiermachee

Mit Papiermachee zu arbeiten ist ganz einfach. Zeitungspapier und Küchentücher sind am besten geeignet für ein solches Projekt. Um den Papierbrei selbst herzustellen, nimmt man zuerst eine Tasse Mehl, rührt mit einer Gabel Wasser unter, bis die Masse die Konsistenz von dickflüssiger Sahne hat (siehe Abbildung 4). Wenn der Brei zu flüssig ist, fügt man einfach mehr Papierschnipsel hinzu, ist die Masse zu fest, kommt mehr Mehlbrei dazu.

Zeichnen

ZEICHNEN IST ETWAS GANZ NATÜRLICHES für kleine Kinder, etwas, womit sie sich spontan beschäftigen. Wenn Sie in Ihrer Wohnung eine Kunst- oder Atelierecke eingerichtet haben, sollten Papier und Malutensilien so aufbewahrt werden, dass die Kinder sie jederzeit erreichen können. Verstauen Sie Bleistifte, Wachsmalstifte, Ölkreiden und Tuschemarker auf Kinderhöhe, damit sich die Kleinen einfach bedienen können, wenn sie plötzlich Lust zum Zeichnen haben.

Ein Spaziergang, eine Entdeckungstour durch einen Garten oder einen Bauernhof, ein Besuch im Park bringen jede Menge neue Zeichenideen. Selbst für ein eher ungestümes Kind ist es eine beeindruckende Erfahrung, still im Gras zu sitzen und zu beobachten, was da so alles herumkrabbelt oder wie sich die Rinde eines Baums anfühlt. An trüben Tagen kann man auch zu Hause interessante Dinge entdecken – auf dem Dachboden, im Werkzeugkasten oder wenn man eine Orange schält. Kindern dabei zu helfen, die Welt genauer zu betrachten, kann auch für uns Erwachsene ein Abenteuer sein. Es ist eine vergnügliche Möglichkeit, ein wenig innezuhalten und zumindest für einen kurzen Augenblick Abstand zu gewinnen von unserem hektischen Alltagsleben.

Buttermilch kreide

- Verschiedenfarbige Kreide
- Ein kleiner Becher Buttermilch
- Weißer Zeichenkarton (216 g/m²)

Idee und Planung:

Kreide ist gewöhnlich schmierig und staubt. Mit Buttermilch gemischt entsteht daraus eine cremige Farbsubstanz, mit der man herrlich zeichnen kann. Überlegt Euch Motive, die Ihr gerne zeichnen würdet: vielleicht einen Sonnenuntergang in den Bergen oder ein Motiv, bei dem Ihr alle Farben verwenden könnt, die Ihr habt.

Tipp

Für kleinere Kinder sollte man einen Eierkarton aus Plastik oder kleine Joghurtbecher mit ein bis zwei Esslöffeln Buttermilch füllen und ein Stück bunte Kreide dazulegen.

Weiterführung

Mit dieser Technik lässt sich gut eine Grußkarte für einen lieben Menschen basteln. Durch die Buttermilch leuchten die Farben und haften gut.

Es kann losgehen!

Abbildung 1: *Tunkt die Kreide in die Buttermilch.*

Abbildung 2: *Fangt an zu zeichnen.*

1. Zuerst tunkt Ihr die Kreide in die Butter-milch, dann malt Ihr damit auf dem Papier (siehe Abbildung 1).

2. Feuchtet die Kreide zwischendurch immer wieder an, damit die Linien schön glatt und weich bleiben (siehe Abbildung 2).

3. Zeichnet weiter und tunkt die Kreide immer mal wieder in die Buttermilch (siehe Abbildung 3).

4. Beim nächsten Mal könntet Ihr aus-probieren, wie es aussieht, wenn man mit weißer Kreide auf farbigem Zeichenkarton oder Packpapier malt.

Abbildung 3: *Malt die Flächen aus.*

Künstlerporträt: Albina McPhail

„Malen ist für mich eine Reise. Der Versuch, gegensätzliche Kräfte von Zufall und Auswahl miteinander zu vereinbaren, ist eine viel-schichtige Erfahrung. Meine Arbeit ist geprägt von der Abwendung vom Gewohnten und dem Wunsch, das Gewohnte wiederzufinden – in irgendeiner noch so unwahrscheinlichen Form oder in der Abstraktion. Der Schwer-punkt liegt dabei auf Farbe, Bewegung und Textur. Verschiedene Bezüge zwischen Malen und Zeichnen werden erforscht auf der Suche nach einem Gleichgewicht zwischen dem Kontrollierten und dem Unvorhersehbaren. Überall sehe ich Dinge, die mich inspirieren, aber die Natur ruft bei mir immer noch die größte Bewunderung und Freude hervor."

Grey Matter von Albina McPhail

Spaß mit **Wachs**malstiften

- Verschiedene Wachsmalstifte
- Sandpapier, mittlere Körnung, auf passende Größe zurechtgeschnitten
- Schere

optional:

- Weißer Baumwollstoff oder ein T-Shirt
- Bügeleisen (gehört nur in Hände eines Erwachsenen!)
- Weißes Papier
- Zeitungspapier

Idee und Planung:

Bei diesem Projekt spielen endlich einmal die hellen Farben aus der Stifteschachtel eine besonders glänzende Rolle. Zuerst braucht man eine Idee für das Bild – fast alles ist geeignet. Das Motiv kann eine Kritzelei sein, Formen, Blumen, ein Stillleben oder Tiere – der Fantasie sind keine Grenzen gesetzt! Man sollte nur wissen, was man zeichnen möchte, bevor man damit anfängt.

Tipp

Kleinere Kinder können bei diesem Projekt nach Herzenslust draufloskritzeln. Die Zeichnung kann ausgeschnitten und mit dem heißen Bügeleisen auf ein weißes T-Shirt übertragen werden, das so zu einem ganz individuellen Lieblingsstück wird!

Weiterführung

Eine ganze Serie von Zeichnungen auf Sandpapier, die auf ein großes Stück Baumwollstoff übertragen wird, ergibt einen originellen Wandbehang.

Es kann losgehen!

Abbildung 1: Fangt an zu zeichnen.

Abbildung 2: Drückt fest genug auf.

1. Zeichnet auf der rauen Seite des Sandpapiers und benutzt dazu alle Farben, die Ihr wollt (siehe Abbildung 1). Fällt Euch auf, wie schön die Farben leuchten?

2. Drückt fest genug auf, damit die Farbe gut haften bleibt und so kräftig wird, wie Ihr es Euch vorgestellt habt (siehe Abbildung 2).

3. Zeichnet so lange weiter, bis das ganze Stück Sandpapier mit Farbe bedeckt ist – den Hintergrund nicht vergessen (siehe Abbildung 3)!

4. Option: Man kann das fertige Bild auf ein Stück Baumwollstoff oder ein T-Shirt übertragen. Bittet einen Erwachsenen, das Bügeleisen auf die höchste Stufe einzustellen. In der Zwischenzeit legt Ihr Zeitungspapier auf die Arbeitsfläche, damit das Wachs sich nicht durchdrücken kann, wenn es schmilzt. Bei einem T-Shirt schiebt man die Zeitung zwischen die beiden Stofflagen. Streicht den Stoff auf der Zeitung ganz glatt und legt dann das Sandpapier mit der bunten Seite nach unten auf den Stoff. Legt weißes Papier auf das Sandpapier. Anschließend bügelt man mit dem heißen Eisen langsam über die ganze Oberfläche des weißen Papiers. Wenn Ihr jetzt das Papier und das Sandpapier wegnehmt, ist das Bild auf dem Stoff und muss nur noch abkühlen.

Abbildung 3: Füllt den Hintergrund aus.

Künstlerporträt: Jessica Greene

„Ein Zuhause zu schaffen kann mit körperlicher Arbeit und Holz und Nägeln verbunden sein, es kann aber auch das emotionale Unterfangen sein, ausgehend von Erinnerungen und Erfahrungen einen Ort zu schaffen, an dem die Seele zur Ruhe kommt. Meine Arbeit bezieht beides mit ein. Ich versuche, einen Ort auf der Welt zu finden, den ich mein Zuhause nennen kann, ich lerne damit zufrieden zu sein, wer ich bin und schaffe mir ein Heim in mir selbst. Ich arbeite mit Mischtechniken und Enkaustik, einem Prozess, der sich schichtenweise aufbaut und so das Reale gleichzeitig mit dem Imaginären entstehen lässt."

Insecurity von Jessica Greene

3 Von Punkt zu Punkt

Idee und Planung: Mit diesem Projekt habt Ihr die Möglichkeit, Eure Fantasie in Schwung zu bringen und Euch von Eurem eigenen Kunstwerk überraschen zu lassen. Es macht Spaß, einfach nur irgendwo Punkte auf das Papier zu setzen. Vergesst Euren Perfektionismus und fangt an, Pünktchen zu malen!

Tipp: Kleinere Kinder sind meist glücklich und zufrieden, wenn sie nur mit Schwarz und Weiß arbeiten können. Drängen Sie sie nicht dazu, Farben zu benutzen.

- Zeichenkarton oder festes Papier
- Schwarzer Permanentmarker
- Ölkreiden oder Wachsmalstifte
- Wasserfarben
- Pinsel für Wasserfarben
- Zeitungspapier
- Wasser zum Pinselauswaschen

Weiterführung

- Es ist einen Versuch wert, mit einem Permanentmarker in einer anderen Farbe zu arbeiten, so wie Ashley Goldberg in ihrem Bild.
- Wie wäre es mit einem Gemeinschaftswerk? Zwei Künstler verteilen Punkte auf dem Papier und vollenden das Bild gemeinsam. Das macht Spaß!

Es kann losgehen!

Abbildung 1: *Macht viele Punkte.*

Abbildung 2: *Verbindet die Punkte miteinander.*

1. Mit einem Permanentmarker setzt Ihr kleine Pünktchen überall auf das Papier, ganz nach Lust und Laune (siehe Abbildung 1). Vergesst nicht: Hier kann man nichts falsch machen!

2. Wenn Ihr schon jede Menge Punkte auf dem Papier habt, hört auf und betrachtet das Blatt.

3. Versucht, etwas über Eure Punkte herauszufinden. Was wäre, wenn man sie auf diese oder auf eine andere Weise miteinander verbinden würde?

Abbildung 3: *Die Arbeiten der einzelnen Künstler fallen ganz unterschiedlich aus.*

Fangt an, die Punkte zu verbinden und lasst Euch überraschen, was für ein Bild dabei herauskommt (siehe Abbildung 2).

4. Ist Euch aufgefallen, dass Euer Bild ganz anders ist als das eurer Freunde (siehe Abbildung 3)?

5. Fangt an, die Zeichnung mit Ölkreiden oder Wasserfarben auszugestalten (siehe Abbildung 4).

Abbildung 4: *Malt die Formen mit Wasserfarben aus.*

Abbildung 5: *Zum Schluss ist das ganze Blatt bunt.*

Künstlerporträt: Ashley Goldberg

Die Künstlerin Ashley Goldberg lebt in Portland, Oregon. Ihr ganzes Leben lang hat sie sich für Kunst, Kunsthandwerk, Tiere und die Natur begeistert. Ihre Kunstwerke sind schlicht, jedoch farblich sehr anspruchsvoll. Ashley ist davon überzeugt, dass man große Emotionen schon in einem Blick oder einer kleinen Geste erkennen kann. Ihre Figuren, häufig Monster oder kleine Mädchen, sind schlicht, lustig, einfühlsam und manchmal auch etwas mitleiderregend. Mehr zu Ashley Goldbergs Arbeiten unter www.etsy.com/people/ashleyg.

Progress von Ashley Goldberg

Ölkreiden

Material

- Ölkreiden
- Weißes Zeichenpapier

Idee und Planung: Wählt für ein Stillleben Dinge, die Ihr interessant findet und die alle kennen. Fasst die Gegenstände an und betrachtet sie aus der Nähe. Arrangiert alles so, wie Ihr es gerne zeichnen würdet. Die Arbeit mit Ölkreiden macht Spaß, weil man die Farben wie in der Malerei miteinander mischen kann.

Tipp: Kleinere Kinder sollte man dazu ermutigen, die Primärfarben (Rot, Gelb und Blau) mit dem Finger zu verwischen und so erste Erfahrungen mit dem Mischen zu machen.

Weiterführung

Man könnte die Ölkreidezeichnung mit Wasserfarben überarbeiten.

Es kann losgehen!

Abbildung 1: Fangt an zu zeichnen.

Abbildung 2: Schaut genau hin.

Abbildung 3: Ergänzt die Farben.

1. Beginnt, mit den Ölkreiden eines der Objekte zu zeichnen, die Ihr vor Euch seht (siehe Abbildung 1).

2. Schaut während des Zeichnens die Form der Gegenstände an, an denen Ihr gerade arbeitet, nicht Euer Bild (siehe Abbildung 2).

3. Benutzt alle Farben, die Ihr bei den Objekten seht, für Eure Zeichnung (siehe Abbildung 3). Du bist der Künstler und Du bestimmst die Farben!

4. Arbeitet weiter mit allen Farben, die Ihr seht.

5. Wenn Ihr Lust dazu habt, ergänzt Ihr noch einen Hintergrund, so wie Ihr ihn seht, oder ganz nach Eurer eigenen Vorstellung.

Künstlerporträt: Judith Andrews

Judith Andrews ist eine Malerin aus Eliot, Maine. „Durch meine lebenslangen Erfahrungen mit der realen Welt verwende ich Bilder und Symbole zusammen mit meinem natürlichen Empfinden für Form, Farbe und Textur zur Schaffung imaginärer Landschaften und Stillleben." Mehr zu Judith Andrews findet man unter www.judithandrews.squarespace.com.

Overboard von Judith Andrews

Zeichnen mit Eiswürfeln

Material

- Dünner weißer Zeichenkarton
- Lebensmittelfarben
- Holzstäbchen
- Fertige Eiswürfel
- Eierkarton aus Plastik

Idee und Planung: Bitte füllt zuerst einen Eiswürfelbehälter mit Wasser. Wählt die Lebensmittelfarben aus, die Ihr benutzen möchtet, und gebt jeweils vier bis sechs Tropfen davon in jedes Quadrat. Stellt dann den Behälter in das Tiefkühlfach. Wenn das Wasser halb gefroren ist, steckt jeweils ein Holzstäbchen in die Quadrate, das später als Griff für die „Farbwürfel" dient. Lasst ruhig ein paar Würfel aus, sie werden dann direkt mit der Hand benutzt.

Tipp

Kleinere Kinder benutzen die Eiswürfel wahrscheinlich lieber ohne Griff. Ermutigen Sie sie, mit großzügigen Bewegungen aus dem Arm heraus zu arbeiten.

Weiterführung

Man könnte auch einmal ausprobieren, mit den Eiswürfeln auf einem Bild mit Wachsmalstiften oder Ölkreiden zu malen, um herausfinden, was dann passiert.

Es kann losgehen!

Abbildung 1: *In einem Eierkarton aus Plastik sind die Eiswürfel sicher untergebracht.*

1. Drückt die Eiswürfel aus dem Behälter und legt sie in einen Eierkarton aus Plastik (siehe Abbildung 1).

2. Überlegt Euch, was Ihr zeichnen möchtet – vielleicht ein abstraktes Bild, ein Porträt, ein Stillleben oder eine Landschaft? – und beginnt zu zeichnen (siehe Abbildung 2).

3. Versucht, neue Farben entstehen zu lassen, indem Ihr mit einer Farbe eine andere übermalt (siehe Abbildung 3).

4. Verwendet so viele Farben, wie Ihr Lust habt, legt sie übereinander, sodass dabei weitere Farbtöne entstehen.

Abbildung 2: *Fangt an zu zeichnen.*

Künstlerporträt
Susan Schwake

„Dieses Wasserfarbenbild habe ich gemalt, weil ich Igel so gerne habe. Natürlich wäre es traurig, sie in Wirklichkeit da draußen im Schnee zu sehen, denn sie würden nichts zu fressen finden! Ich habe mir nur vorgestellt, wie lustig ihre Pfotenabdrücke im Schnee aussehen würden, wenn sie im Dezember im Wald herumspazieren würden."
Mehr zu Susan Schwakes Arbeiten unter www.susanschwake.com.

December von Susan Schwake

Abbildung 3: *Neue Schichten schaffen neue Farben.*

6 Tintenkleckse

Idee und Planung: Mit Tintenklecksen ist nicht zu spaßen! Schützt die Arbeitsfläche also mit Zeitungspapier oder einer Unterlage, die sich leicht abwischen lässt – nur für den Fall, dass etwas neben das Papier gerät. Bei ganz kleinen Kindern sollte ein Erwachsener das Füllen der Pipette übernehmen, das Kind kann dann selbst die Kleckse machen. Alle anderen haben großen Spaß daran zu lernen, wie man die Tinte in die Pipette bekommt!

Tipp: Wenn kleine Kinder durch einen Trinkhalm blasen, hat das vielleicht nicht den gewünschten Erfolg. Sie sollten lieber das Papier anheben und schräg halten, damit die Tinte verläuft.

- Tinte oder Tusche (schwarz oder farbig) mit Pipette
- Zeichenkarton
- Ölkreiden
- Trinkhalm

Weiterführung

- Wer lieber mit Wasserfarben arbeitet, kann das Bild auch damit weiter bearbeiten und auf die Ölkreiden verzichten.
- Es ist aufregend, einmal einen altmodischen Federkiel auszuprobieren. Man tunkt ihn in die farbige Tinte und zeichnet dann um die Ränder der Kleckse und füllt die Zwischenräume aus.

Es kann losgehen!

Abbildung 1: Tropft die Tinte auf das Papier.

Abbildung 2: Blast durch den Trinkhalm auf den Tintentropfen.

1. Füllt die Pipette, indem Ihr den Gummiteil zusammendrückt und das Röhrchen in die Tinte haltet. Wenn Ihr den Druck lockert, wird die Tinte angesaugt.

2. Nun lasst Ihr die Tinte da, wo es Euch gefällt, auf das Papier tropfen. Immer einen Tropfen nach dem anderen (siehe Abbildung 1).

3. Nehmt einen Trinkhalm und blast hinein, um die Tinte zu verteilen (siehe Abbildung 2). Mit dem unteren Ende des Halms dicht über dem Tropfen einmal kurz und kräftig blasen bringt die besten Ergebnisse.

4. Lasst die Kleckse trocknen.

5. Mit den Ölkreiden könnt Ihr die Kleckse jetzt miteinander verbinden, entweder, indem Ihr die weißen Zwischenräume ausfüllt, oder, indem Ihr um die Kleckse herum zeichnet und den Konturen folgt (siehe Abbildung 3).

Abbildung 3: Zeichnet mit Ölkreiden weiter.

Tusche und Wattestäbchen

- Zeichenpapier
- Tusche in einem kleinen auslaufsicheren Gefäß
- Wattestäbchen

Idee und Planung: Man sollte das Wattestäbchen unterschiedlich einsetzen, um verschiedene Spuren auf dem Papier zu hinterlassen. Es darf sich nicht zu voll saugen. Man arbeitet aus dem Arm heraus, um eine großzügige Linienführung zu erreichen.

Tipp: Achten Sie darauf, dass kleinere Kinder Kittel tragen, mit denen sie ihr Kunstwerk nicht verwischen können. Eng anliegende lange Ärmel haben sich bei diesem Projekt gut bewährt.

Weiterführung

Verwendet als Malgrund doch einmal eine Buchseite, so wie es der Künstler Darryl Joel Berger hier getan hat. Er hat ein Blatt aus einem alten Mathematikbuch benutzt.

Es kann losgehen!

Abbildung 1: *Tunkt das Wattestäbchen in die Tusche.*

Abbildung 3: *Zieht ein paar Linien.*

Abbildung 4: *Rollt das Wattestäbchen auch einmal über das Papier.*

Abbildung 2: *Macht Punkte.*

1. Zuerst taucht Ihr das Wattestäbchen in die Tusche (siehe Abbildung 1).
2. Dann macht Ihr am besten erst einmal ein paar Punkte (siehe Abbildung 2).
3. Als Nächstes könnt ihr versuchen, Linien zu ziehen (siehe Abbildung 3).
4. Rollt das Wattestäbchen, das an beiden Enden mit Tusche getränkt ist, über das Papier (siehe Abbildung 4).
5. Mit diesen Techniken zeichnet Ihr nun ein Bild ganz nach eurem Geschmack.

Künstlerporträt: Darryl Joel Berger

Ich habe Darryl gebeten, uns zu erzählen, wie er mit Tusche arbeitet. „Ich zeichne mein Bild nicht mit Bleistift vor – ich tunke meinen chinesischen Schreibpinsel in ein kleines Tuscheglas und fange gleich an, auf dem Papier zu zeichnen. Das macht ja gerade die Schönheit von Tuschezeichnungen aus: Man arbeitet direkt und fließend, ohne vorher auf dem Papier herumzukratzen. Man sollte nicht versuchen, einen chinesischen Pinsel so zu halten, wie einen Bleistift oder einen Füller, aber auch nicht wie einen normalen Pinsel – die richtige Pinselführung liegt irgendwo dazwischen. Wenn ich mit Tusche zeichne, beginne ich mit viel flüssiger Tusche in den dunkelsten Bereichen meines Bildes und arbeite so lange weiter, bis der Pinsel etwas trocken wird. Die abstehenden Pinselhaare sorgen für einen wunderbaren Effekt. Die besten Tuschezeichnungen sind gestisch und grafisch zugleich (so wie chinesische Schriftzeichen)."

Weiter Informationen zu Darryl Joel Berger online unter www.darryljoelberger.tumblr.com.

Choisie von Darryl Joel Berger

Zeichnen auf Stoff

Material

- Segeltuch oder anderer schwerer Stoff
- Bleistift und Zeichenpapier
- Verschiedene Ölkreiden
- Malerkrepp

optional:

- Objekte, die sich für ein Stillleben eignen

Tipp

Kleinere Kinder sollten den Schritt mit der Papierskizze auslassen und gleich auf dem Stoff zu zeichnen beginnen.

Weiterführung

- Es macht Spaß, auch wenn es vielleicht nicht ganz einfach ist, einen Wandbehang aus Familienporträts zu machen. Jedes Quadrat zeigt ein Familienmitglied. Vielleicht kann ein Erwachsener beim Zusammennähen helfen.

- Ein abstraktes Kritzelmuster in Schwarz, bei dem die Zwischenräume mit leuchtenden Farben ausgefüllt werden, wäre auch ein lohnendes Motiv.

Idee und Planung: Zuerst sollt man sich entscheiden, was man zeichnen möchte. Für das vorliegende Projekt hat der Künstler einen Vogel als Motiv gewählt. Um auf neue Motive zu kommen, kann man ein paar Ideen in Skizzen festhalten. Das Skizzenpapier wird am besten auf die Größe des Stoffs zugeschnitten, damit man von vornherein weiß, wie groß die Zeichnung in Wirklichkeit wird. Wer gerade keine geeigneten Ideen hat, kann ein paar interessante Dinge zu einem Stillleben zusammenstellen.

Es kann losgehen!

Abbildung 1: Beginnt mit Ölkreiden.

1. Wenn Ihr möchtet, könnt Ihr Eure Idee zuerst mit Bleistift auf Papier skizzieren. Fixiert den Stoff mit Klebeband, damit er beim Zeichnen nicht verrutscht.
2. Fangt an, Euer Motiv mit Ölkreide zu zeichnen (siehe Abbildung 1).
3. Zeichnet weiter mit Ölkreide an eurem Motiv (siehe Abbildung 2).
4. Vergesst den Hintergrund nicht! Euer Motiv braucht einen Platz, an den es gehört (siehe Abbildung 3).

Abbildung 2: Zeichnet weiter.

Abbildung 3: Füllt den Hintergrund aus.

Künstlerporträt: Matt Wyatt

Matt Wyatt ist abstrakter Expressionist und Fotograf. Seine Werke sind an verschiedenen Veranstaltungsorten ausgestellt worden und haben regional und landesweit Beachtung gefunden. Matt Wyatt lebt in New Hampshire und ist Leiter des Kunstmuseums von Rochester. Mehr über Matt Wyatt unter www.rochestermfa.org.

Home on the Range von Matt Wyatt

Zeichnen mit Murmeln

Material

- Zeichenkarton
- Acryl- oder Temperafarben in drei verschiedenen Farbtönen
- Kleine Behälter für Farben
- Drei Murmeln
- Flache Schachtel

Idee und Planung: Wählt drei Farbtöne aus, die Euch gefallen. Dieses Projekt sollte man mehrmals mit unterschiedlichen Farbkombinationen durchführen. Man kann auch zuerst drei Farben verwenden, und wenn alles getrocknet ist, mit drei weiteren Farben an demselben Bild weiterarbeiten. Zeichnen mit Murmeln macht übrigens in jedem Alter Spaß!

Weiterführung

Bei gutem Wetter kann man das Projekt prima im Freien durchführen – mit einer langen Papierbahn (eventuell von einer Rolle) und Tennisbällen. Die Bälle werden in die Farbe getaucht, dann wirft man sie auf das Papier oder lässt sie rollen, sodass bunte Linien entstehen.

Tipp

Bei diesem Projekt können ein Erwachsener und ein Kleinkind oder zwei Kinder gut zusammenarbeiten. Verwenden Sie dazu eine längere Schachtel mit schmalen Seiten, an denen dann jeweils ein Künstler positioniert wird. Die Murmeln gemeinsam rollen zu lassen, macht viel Spaß. Denken Sie unbedingt daran, dass zwei Kunstwerke geschaffen werden müssen, sonst gibt es nachher Tränen.

Es kann losgehen!

Abbildung 1: Schneidet das Papier so zu, dass es genau in die Schachtel passt.

1. Gießt etwas Farbe in die Behälter und schneidet den Zeichenkarton so zu, dass er genau in die Schachtel passt (siehe Abbildung 1).

2. Legt eine Murmel in jeden Farbbehälter (siehe Abbildung 2).

3. Nehmt die Murmeln aus der Farbe heraus und legt sie in die Schachtel. Kippt die Schachtel so, dass die Murmeln auf dem Zeichenkarton hin und her kullern können (siehe Abbildung 3).

4. Haltet die Schachtel immer wieder schräg, damit neue Linien über den vorigen entstehen und sich neue Farben ergeben (siehe Abbildung 4)!

5. Lasst die Murmeln in der Schachtel herumkullern und dabei die Farben mischen. Wenn die Linien blasser werden, könnt Ihr die Murmeln wieder in die Farbe legen und dann weiterverwenden.

Abbildung 2: Legt die Murmeln in die Farbe.

Abbildung 3: Haltet die Schachtel schräg.

Abbildung 4: Arbeitet so weiter.

Künstlerporträt
Susan Schwake

„Wenn ich male, beginne ich ein Bild ganz oft damit, zuerst einmal im Hintergrund oder unteren Abschnitt Linien zu ziehen und Texturen zu schaffen. Diese Schichten sind im fertigen Bild dann noch an manchen Stellen zu sehen und das ist genau das, was ich gerne erreichen möchte – Textur, spontane Linien und Farbe."

Fence Hopping von Susan Schwake

Flaggen aus Klebeband

Material

- Ein paar Rollen Klebeband für Papier in verschiedenen Farben
- Schere
- Papprolle als Halterung für die Klebebandrollen
- Weißer Zeichenkarton

optional:

- Wasserfarben
- Pinsel
- Wasser zum Auswaschen der Pinsel

Idee und Planung: Bei diesem Projekt werden die Linien mit Klebeband festgelegt und nicht gezeichnet. Sucht als Anregung im Internet oder in der Stadtbücherei nach Bildern von Fahnen und Flaggen aus aller Welt. Überlegt, welche Farben Ihr verwenden wollt und macht gegebenenfalls eine Skizze, natürlich kann man auch sofort mit der eigentlichen Arbeit beginnen.

Weiterführung

- Natürlich können Flaggen verschiedene Formen haben. Schneidet das Papier entsprechend zurecht.
- Es sieht schön aus, wenn man einen Flur oder eine Wand mit einer Flaggengirlande schmückt. Dazu werden die Flaggen an einer Schnur befestigt.

Es kann losgehen!

Abbildung 1: *Zieht ein Stück Klebestreifen von der Rolle ab.*

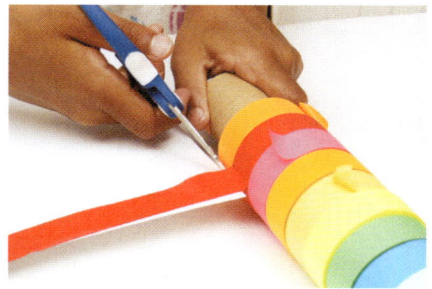

Abbildung 2: *Schneidet es an der Papprolle ab.*

1. Zuerst zieht Ihr ein Stück farbiges Klebeband von der Rolle (siehe Abbildung 1).

2. Findet heraus, was Euch leichter fällt das Klebeband von der Papprolle abzuziehen und dort abzuschneiden (siehe Abbildung 2) oder es direkt von der einzelnen Rolle abzuziehen (siehe Abbildung 3). Manche Kinder werden Hilfe beim Schneiden brauchen. Es kann aber auch

Abbildung 3: *Schneidet es von der Klebebandrolle ab.*

Abbildung 4: *Streicht das Klebeband glatt.*

ein Erwachsener das Band festhalten und das Kind schneidet selbst.

3. Streicht das Klebeband beim Aufkleben immer wieder mit den Fingern glatt (siehe Abbildung 4).

4. Verwendet kurze Streifen Klebeband, um Eure Flaggen noch weiter zu verzieren (siehe Abbildung 5).

Abbildung 5: *Mit kurzen Streifen verzieren.*

5. Ihr könnt ausschließlich mit Klebeband arbeiten oder die Flaggen auch mit Wasserfarben anmalen, wenn Ihr Lust dazu habt.

Künstlerporträt: Jasper Johns

Jasper Johns ist ein berühmter amerikanischer Künstler, der wohl am bekanntesten für seine Flaggen ist. Das hier gezeigt Bild ist in der Enkaustik-Technik (mit Wachs) entstanden und zeigt die Flagge der Vereinigten Staaten von Amerika. Mehr über Jasper Johns unter www.jasperjohns.com.

Flagge, 1954 von Jasper Johns

Malen

ICH GLAUBE, DASS ALLE KINDER GERNE MALEN. Manche malen vielleicht lieber als andere, aber ich habe noch nie ein Kind erlebt, das abgelehnt hätte, wenn man ihm die Möglichkeit zum Malen angeboten hat. In den folgenden Projekten wird das ganze Spektrum abgedeckt, angefangen von experimentellen Arbeiten, bis hin zu einem kontrollierteren Ergebnis – und überall gibt es unendlich viele verschiedene Möglichkeiten. Ich habe die Projekte ausgesucht, die nach meiner Erfahrung der letzten zwanzig Jahre am besten für unterschiedliche Altersstufen geeignet sind. Es sind Projekte, mit denen man groß werden kann, die man von Zeit zu Zeit wiederholt, um festzustellen, welche wunderbaren neuen Ideen sich daraus ergeben können. Ich bin sehr dafür, wirklich gutes Material zu verwenden. Deshalb sollten Sie – auch wenn die Kinder noch so klein sind – den angehenden Künstlern für die folgenden Arbeiten die besten Farben zur Verfügung stellen, die Sie bekommen können. Man weiß nie, was einmal daraus wird!

Mit der Sprühflasche malen

Idee und Planung: Wenn man bei einem Malprojekt zusätzliches Wasser verwendet, sollte mit dem Pinsel immer reichlich Farbe aufgenommen werden – bitte denkt bei der Arbeit immer daran. Macht Euch keine Gedanken, wenn ein wenig davon herumspritzt. Bei diesem Projekt geht es um Spontanität und das Ergebnis fällt jedes Mal anders aus.

Tipp: Das Projekt eignet sich auch hervorragend für kleinere Kinder. Achten Sie nur darauf, dass die Sprühflasche klein genug für Kinderhände ist.

- Wasserfarben
- Schweres Aquarellpapier
- Eine kleine Sprühflasche mit Wasser
- Wasser zum Auswaschen der Pinsel
- Zeitungspapier

Weiterführung

Wenn man nur mit den Primärfarben arbeitet, entstehen die Sekundärfarben beim Sprühen.

Es kann losgehen!

Abbildung 1: *Fangt mit der ersten Farbe an.*

Abbildung 2: *Besprüht das Bild mit Wasser.*

Abbildung 3: *Haltet das Papier schräg.*

Abbildung 4: *Tupft überschüssiges Wasser ab.*

1. Macht den Pinsel nass und sucht Euch eine erste Farbe aus. Nehmt ganz viel Farbe auf den Pinsel (siehe Abbildung 1).

2. Macht mit anderen Farben weiter, die Ihr einfach auf das Papier auftragt. Versucht nicht, ein bestimmtes Motiv zu malen, denn die Farbe verteilt sich, wenn Ihr sie besprüht.

3. Besprüht euer Bild mit der Sprühflasche (siehe Abbildung 2).

4. Malt oder sprüht weiter, ganz wie Ihr Lust habt. Haltet das Papier schräg, damit das Wasser über das Bild laufen kann (siehe Abbildung 3).

5. Tupft das überschüssige Wasser mit einem Küchentuch ab, wenn das Bild zu nass geworden ist (siehe Abbildung 4), und lasst dann alles trocknen.

Künstlerporträt
Susan Schwake

Teile des Hintergrunds habe ich bei diesem Aquarell in der Nass-in-Nass-Technik gearbeitet. Mit dieser Technik sind die Ergebnisse genau so unvorhersehbar wie bei der Arbeit mit der Sprühflasche. Mehr Bilder der Künstlerin unter www.susanschwake.com.

Vogelpicknick von Susan Schwake

12 Pinselwahl

- Unterschiedliche Pinsel
- Wasserfarben
- Papier
- Wasser zum Auswaschen der Pinsel
- Zeitungspapier

Idee und Planung: Es ist gut zu wissen, wie der Farbauftrag mit einem bestimmten Pinsel aussieht. In diesem Projekt erforschen wir die wunderbare Welt der Pinsel – die Teilnehmer werden zu Pinseldetektiven. Durchforstet die Malutensilien und sucht alle Pinsel heraus. Schaut Euch genau an, wie die Haare geformt sind. Überlegt Euch, welche Spuren sie auf dem Malgrund hinterlassen, und probiert sie anschließend aus.

Tipp

Dieses Projekt ist auch für kleinere Kinder geeignet, wenn sie größere Pinsel benutzen können. Lassen Sie sie auf größerem Papier arbeiten und fixieren Sie es wenn möglich an einer Wand.

Weiterführung

Es ist sinnvoll, auf den verschiedenen Blättern zu vermerken, welche Linien mit welchem Pinsel gemalt sind. Hebt die Blätter auf, damit Ihr später noch einmal nachschauen könnt, welche Eigenschaften ein bestimmter Pinsel hat.

Es kann losgehen!

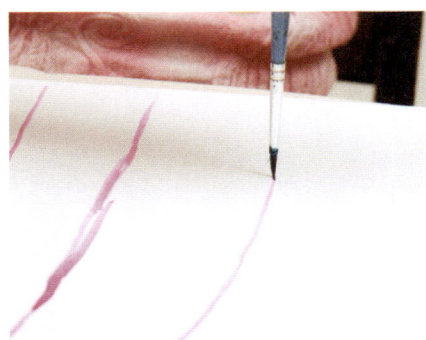

Abbildung 1: Beginnt mit einem dünnen Pinsel.

Abbildung 2: Probiert alle Pinsel aus.

Abbildung 3: Schaut Euch die Linien genau an.

Abbildung 4: Macht Punkte.

1. Wählt einen Pinsel aus, feuchtet ihn an und sucht die Farbe aus, mit der Ihr anfangen möchtet. Zieht mehrere Linien mit dem Pinsel (siehe Abbildung 1).

2. Probiert jeden Pinsel aus, indem Ihr weitere Linien auf das Papier malt (siehe Abbildung 2).

3. Beobachtet beim Malen, welche Linie ein bestimmter Pinsel hinterlässt (siehe Abbildung 3).

4. Auf einem anderen Blatt macht Ihr jetzt Punkte mit den verschiedenen Pinseln (siehe Abbildung 4). Haltet den Pinsel einmal ganz nah an der Zwinge und danach am Ende des Stiels. Schaut Euch an, was passiert.

5. Probiert alle Pinsel auf diese Weise aus, damit Ihr lernt, wie Eure Werkzeuge funktionieren.

Künstlerporträt: Paul Klee

Paul Klee war ein Künstler aus der Schweiz, der während des Ersten Weltkriegs einer modernen Künstlervereinigung angehörte. Sein Stil wurde häufig als kindlich bezeichnet. Seine Werke sind oft mit unterschiedlichen Maltechniken gearbeitet, darunter Öl- und Wasserfarben, auch miteinander kombiniert. Seine Aquarellbilder sind wunderschön zart. Mehr über ihn unter http://de.wikipedia.org/wiki/Paul_Klee.

„Kunst gibt nicht das Sichtbare wieder, sondern Kunst macht sichtbar." Paul Klee (*Schöpferische Konfession*, 1920)

Maske Furcht (Öl auf Jute) von Paul Klee

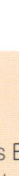

Material

- Weiße Ölkreide
- Aquarellpapier
- Kleiner Schwamm
- Wasserfarben/Aquarellfarben
- Wasser zum Auswaschen der Pinsel
- Zeitungspapier
- Grobkörniges Salz

Idee und Planung: Überlegt Euch, was Ihr gerne malen würdet. Vielleicht eine Nachtszene, eine schneebedeckte Landschaft? Sind Sterne zu sehen? Fällt Schnee? Wie sieht die Landschaft aus? Gibt es Berge oder Hügel oder möchtet Ihr lieber eine Wüste malen? Entscheidet Euch für ein Motiv, bevor Ihr mit der Arbeit beginnt.

Tipp: Kleineren Kindern sollte man keine Vorgaben zum Thema machen, sondern sie das Motiv frei wählen lassen. Gezeichnet wird mit weißer Ölkreide. Auch eine Kritzelei wird am Ende zauberhaft. Mit dunkleren oder kräftigen Wasserfarben wird der schönste Effekt erzielt.

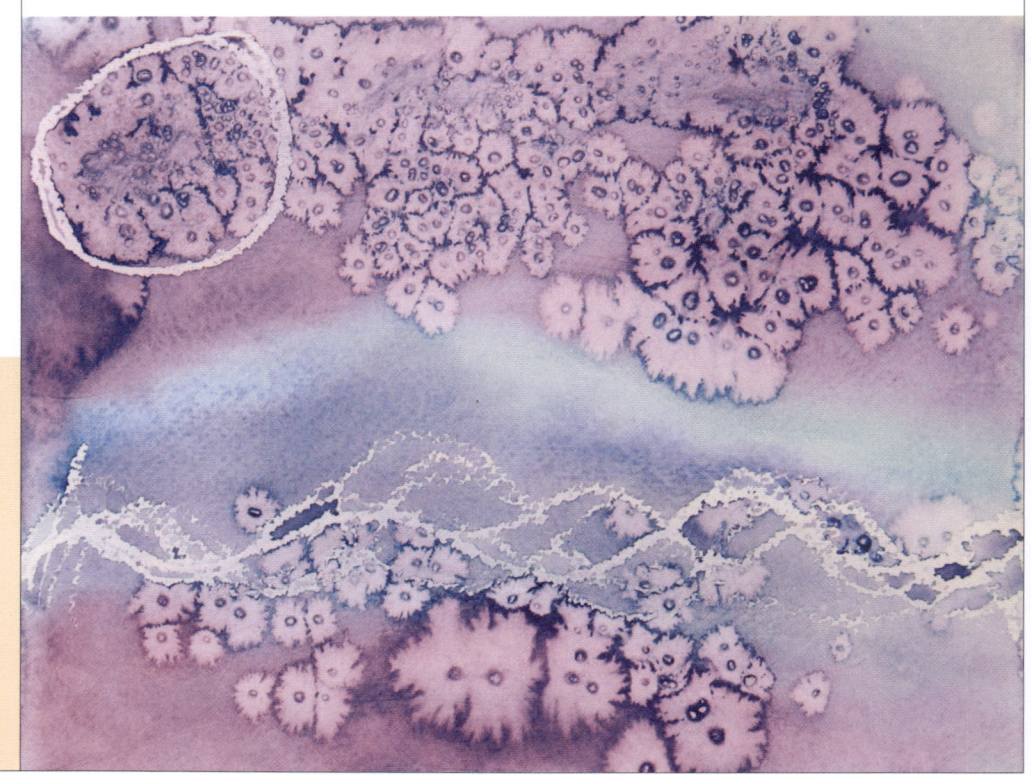

Weiterführung

Versucht alle Farben aus Eurem Ölkreidensortiment und jede Menge kräftige Wasserfarben zu verwenden, damit ein texturiertes Bild entsteht, das dann mit Salz bestreut wird. Geeignete Motive sind farbige Felsen, Korallenriffe oder texturierte Fische.

Es kann losgehen!

Abbildung 1: Fangt mit weißer Ölkreide an.

Abbildung 2: Feuchtet das Papier mit dem Schwamm an.

Abbildung 3: Malt mit Wasserfarben.

Abbildung 4: Streut Salz auf euer Bild.

Künstlerporträt: August Macke

August Macke war ein deutscher Künstler, der mit Öl- und Aquarellfarben gearbeitet hat. Er war ein expressionistischer Maler; sein Spätwerk wird als fauvistisch eingeordnet. Die kräftigen, leuchtenden Farben und vielfältigen Formen kommen in all seinen Werken vor. Mehr über den Künstler unter www.augustmacke.org.

Kairouan III von August Macke, 1914

1. Fangt an, mit Ölkreide euer Motiv zu zeichnen (siehe Abbildung 1).
2. Wenn die Zeichnung fertig ist, feuchtet Ihr das Papier mit dem Schwamm an (siehe Abbildung 2).
3. Nehmt reichlich Wasser, wenn Ihr mit den Wasserfarben arbeitet (siehe Abbildung 3). Das Papier muss richtig nass sein, damit es das Salz aufnehmen kann.

4. Wenn Ihr fertig seid, lasst Ihr Euch ein Tellerchen mit Salz geben und streut eine Prise davon über Euer Bild (siehe Abbildung 4). Benutzt das Salz für Schneeflocken oder Sterne. Weniger ist mehr!
5. Lasst das Bild trocknen und bürstet das Salz vorsichtig ab. Hier ist echte Zauberei passiert!

14 Tröpfchen, Tropfen, Kleckse

- Zeichenkarton oder anderes schweres Papier
- Pinsel für Wasserfarben
- Wasserfarben
- Zeitungspapier
- Wasser zum Auswaschen der Pinsel

Idee und Planung: Dieses Projekt kommt besser an als jedes andere, das ich im Laufe der Jahre angeboten habe. Wir werden uns hier mit der Spritztechnik befassen. Also deckt den Arbeitsplatz gut und reichlich mit Zeitungspapier ab. Wenn Ihr die Möglichkeit habt, im Freien zu arbeiten, kann man die Farbe mit einer Bewegung des ganzen Arms verspritzen.

Tipp: Alle Kinder lieben diese Technik. Schützen Sie die kleinen Künstler mit einem Kittel und den Arbeitsplatz mit einer Abdeckplane. Die Farbe darf durch die Luft fliegen! Am besten geht das natürlich (besonders für die Kleinsten) im Freien!

Weiterführung

- Die fertigen Kunstwerke kann man gut auf eine passende Größe zurechtschneiden, einmal falten und als Grußkarten verschicken.
- Wenn man nur die Primärfarben (Rot, Gelb und Blau) benutzt, lernen die Kinder ganz nebenbei etwas über das Mischen von Farben.

Es kann losgehen!

Abbildung 1: *Nehmt mit dem Pinsel Farbe auf.*

Abbildung 2: *Klopft auf den Pinsel.*

Abbildung 3: *Vorsicht Farbe!*

Abbildung 4: *Nehmt andere Farben dazu.*

Künstlerporträt: Jackson Pollock

Jackson Pollock ist ein berühmter amerikanischer Maler, der vor allen für seine Action Paintings bekannt ist. Er war der erste Maler, der auf den Pinsel verzichtet hat und seine Farbe auf die Leinwand gegossen, getropft und gespritzt hat. Sein Bild Lavender Mist wurde als eines seiner anspruchsvollsten Werke angesehen. Mehr über Jackson Pollock unter www.moma.org.

Number 1, Lavender Mist von Jackson Pollock

1. Legt euren Arbeitsbereich gut mit Zeitungen aus.

2. Tunkt den Pinsel ins Wasser und achtet darauf, dass er immer schön nass ist. Nehmt die erste Farbe auf (siehe Abbildung 1).

3. Haltet den Pinsel über das Papier und klopft leicht mit einem Finger auf den Stiel (siehe Abbildung 2). Wiederholt diesen Arbeitsschritt so lange, bis Ihr die Farbe wechseln wollt. Bitte vergesst nicht, den Pinsel immer gut auszuwaschen, bevor Ihr eine andere Farbe benutzt.

4. Bei der Spritztechnik landet die Farbe nicht nur auf dem Papier (siehe Abbildung 3)! Am Ende der Arbeit muss geputzt werden.

5. Benutzt so viele Farben, wie Ihr wollt, bis das ganze Papier mit Farbe bedeckt ist. Seht Ihr, wie sich die Farben mischen und neue Töne entstehen (siehe Abbildung 4)?

Munteres Mischen

- Weißer Zeichenkarton
- Wasserfarben in Primärfarben
- Wasserfarbenpinsel
- Wasser zum Auswaschen der Pinsel
- Zeitungspapier

Weiterführung

Mischt doch einmal die drei neu entstandenen Farben mit Euren ersten Farben. Was kommt wohl dabei heraus?

Idee und Planung: Haben Sie sich schon einmal überlegt, woher all die Farben kommen? Es macht immer Spaß, etwas zu lernen, einfach, indem man es tut. Und wenn man mit Farben arbeitet, dann ist es auch noch aufregend! Wenn Sie ein Exemplar von Leo Lionnis Buch *Das kleine Blau und das kleine Gelb* auftreiben können, sollten Sie es unbedingt mit Ihren kleinen Künstlern lesen, bevor Sie mit dem Projekt beginnen.

Tipp: Für die Kleinsten unter den Farbmischern empfiehlt es sich, mit jeweils einem Pinsel für eine Farbe zu arbeiten, und als Malgrund statt Zeichenkarton oder Aquarellpapier Kaffeefilter zu verwenden. Damit macht es genau so Spaß, die Pfützchen werden auf ein Minimum beschränkt und die Farben mischen sich leicht.

Es kann losgehen!

Abbildung 1: *Macht eine kleine Farbpfütze.*

Abbildung 2: *Macht noch eine kleine gelbe Pfütze.*

1. Macht den Pinsel gut nass und nehmt blaue Farbe auf.

2. Legt eine schöne Pfütze mit Blau auf dem Papier an (siehe Abbildung 1).

3. Wascht den Pinsel aus und nehmt dann gelbe Farbe damit auf. Legt mit einigem Abstand eine gelbe Pfütze unterhalb der blauen Pfütze an (siehe Abbildung 2).

4. Zieht etwas von der gelben Farbe in den Zwischenraum zwischen den Pfützen. Anschließend zieht Ihr das Blau in den Zwischenraum und mischt es mit dem Gelb (siehe Abbildung 3).

Abbildung 3: *Mischt die Farben ineinander.*

5. Wascht den Pinsel wieder aus und mischt auf dieselbe Weise Rot und Gelb, sodass eine neue Farbe entsteht. Wascht den Pinsel aus und wiederholt das Experiment mit Rot und Blau. Ihr erhaltet drei neue Farben aus den Kombinationen der drei ursprünglichen Farben (siehe Abbildung 4).

Abbildung 4: *Mischt drei neue Farben.*

Künstlerporträt: Leo Lionni

Leo Lionni war ein berühmter Kinderbuchautor. Seine Bücher gehören heute noch zu meinen Lieblingsbüchern. Sein erstes Buch hieß Das kleine Blau und das kleine Gelb. Er hat es sich auf einer langen Bahnfahrt für seine Kinder ausgedacht. Meine Familie liebt alle Bücher, die er je geschrieben hat. Mehr über sein Werk unter www.beltz.de/lionni

Das kleine Blau und das kleine Gelb von Leo Lionni

Farbenspaß mit Watte bällchen

Material

- Ein Beutel Wattebällchen
- Wattestäbchen
- Temperafarben
- Weißer Zeichenkarton
- Styroportablett oder Eierkarton aus Plastik für die Farben

Idee und Planung: Bei diesem Projekt geht es um Farbe und nicht so sehr um Form. Die Farben werden direkt auf dem Bild gemischt und man kommt völlig ohne Pinsel aus. Wählt Farbtöne aus, bevor Ihr mit der Arbeit beginnt, und überlegt dabei schon, welche neuen Töne daraus entstehen könnten. Man kann den Farben gerne Weiß hinzusetzen, um Pastelltöne zu schaffen.

Tipp: An diesem Projekt haben auch die allerkleinsten Künstler Spaß. Wenn sie Ihnen einen Augenblick zugeschaut haben, können sie nach Herzenslust mit der Watte in die Farbe und dann auf das Papier tupfen – ganz wie die Großen. Wenn immer mehr Farben hinzukommen, sollte man die Kinder bitten, sich zwischendurch einmal anzuschauen, was bisher mit ihrem Bild passiert ist.

Weiterführung

- Man könnte mit dieser Technik auch auf einem farbigen Zeichenkarton arbeiten.
- Klebt die bunten Wattebällchen, nachdem sie getrocknet sind, mit weißem oder transparentem Klebstoff auf das Bild.

Es kann losgehen!

Abbildung 1: *Tunkt ein Wattebällchen in die Farbe.*

Abbildung 2: *Tupft die Farbe auf den Zeichenkarton.*

1. Gießt eine kleine Menge der verschiedenen Farben in einen Eierkarton aus Plastik.
2. Tunkt ein Wattebällchen in die Farbe (siehe Abbildung 1).
3. Fangt an, die Farbe mit dem Wattebällchen aufzutupfen oder es über den Zeichenkarton zu ziehen (siehe Abbildung 2).

Abbildung 3: *Nehmt weitere Farben dazu.*

Abbildung 4: *Ergänzt kleine bunte Punkte mit einem Wattestäbchen.*

4. Verwendet weitere Farben und tupft sie auf, dabei entstehen neue Töne (siehe Abbildung 3).
5. Ergänzt kleinere Punkte mit einem Wattestäbchen, wenn Ihr Lust dazu habt (siehe Abbildung 4).
6. Lasst die Farbe trocknen und arbeitet dann mit anderen Farben weiter. Aber wenn es Euch bereits nach dem ersten Arbeitsgang gut gefällt, dann ist euer Bild jetzt schon fertig.

Künstlerporträt: Ashley Goldberg

Die Künstlerin Ashley Goldberg stammt aus Oregon. Ihr ganzes Leben lang hat sie sich für Kunst, Kunsthandwerk, Tiere und die Natur begeistert. Ihr Schwerpunkt liegt auf der Porträtmalerei, wobei sie kurze Augenblicke festhalten möchte. Ihre Kunstwerke sind schlicht, jedoch farblich sehr anspruchsvoll. Ashley ist davon überzeugt, dass man große Emotionen schon in einem Blick oder einer kleinen Geste erkennen kann. Ihre Figuren sind einfach, lustig, einfühlsam und manchmal auch etwas mitleiderregend. Mehr zu Ashley Goldbergs Arbeiten unter www.etsy.com/people/ashleyg.

Ohne Titel von Ashley Goldberg

Malen, ganz ohne Pinsel

Material

- Flaschenspülbürste mit Schaumstoffkopf
- Temperafarben
- Weißer Zeichenkarton
- Flache Styroporschale
- Waschbecken oder ein Eimer mit Wasser zum Auswaschen der Flaschenspülbürste

Weiterführung

- Benutzt doch einmal dunkles Papier für diese Technik. Wir haben schwarzen Zeichenkarton gewählt, damit die Kontraste besonders gut herauskommen.
- Jedes dieser Bilder ist schon ein Kunstwerk für sich. Man könnte sie aber auch zerschneiden und in einer der Mischtechnik-Arbeiten verwenden, die später im Buch vorgestellt werden.

Malen auf schwarzen Papier

Idee und Planung: Nach diesem Projekt werdet ihr hoffentlich Geschmack daran finden, mit Materialien und Werkzeug zu arbeiten, die nicht unbedingt zum Künstlerbedarf zählen. Ich finde, dass manchmal ganz gewöhnliche Haushaltsgegenstände ein interessanter Ersatz für Pinsel sind. Hier benutzen wir mein Lieblingswerkzeug – die Flaschenspülbürste mit Schaumstoffkopf. Wählt Eure Farben und das Werkzeug – Nehmt das, was in Eurem Haushalt vorhanden ist und wendet an, was Ihr in Projekt 5 über das Mischen von Farben gelernt haben.

Tipp: Alle kleinen Kinder malen gern mit einem Schwämmchen, deshalb können auch die Allerkleinsten hier mitmachen. Helfen Sie ihnen zu Anfang, den Schwamm mit der Farbe zu tränken und schon bald werden sie selbst wissen, wie es funktioniert.

Es kann losgehen!

Abbildung 1: *Nehmt Farbe mit der Flaschenspülbürste auf.*

1. Gebt die Farben auf eine Styroporschale.
2. Tunkt eine Seite des Schaumstoffkopfs in eine Farbe, die andere Seite in eine zweite (siehe Abbildung 1).
3. Fangt an, die Farbe mit der Flaschenspülbürste auf den Zeichenkarton zu tupfen (siehe Abbildung 2). Es macht Spaß, wenn die Bürste über das Papier hüpft, simmmt's?

Abbildung 2: *Tupft die Farbe auf.*

4. Nehmt mehr Farbe dazu und lasst die Bürste weiter hüpfen (siehe Abbildung 3).
5. Lasst die Farbe trocknen und bewundert Euer Kunstwerk. Wenn Ihr wollt, könnt Ihr es aber auch zerschneiden und die Teile in einer Collage verwenden.

Abbildung 3: *Nehmt mehr Farbe dazu.*

Künstlerporträt: Mati Rose McDonough

Mati Rose McDonough ist eine Erwachsene, die wie ein Kind malt. Zweiunddreißig Jahre, der Besuch von zwei Schulen und ungefähr 486 Bilder waren nötig, bis ihr das so gut gelang wie in unserem Beispiel. Ihre Inspirationsquellen sind Schönheit, Wahrheit, Lügen, Stadttiere, die auf Bäumen sitzen, Teile belauschter Gespräche, verblichene Schilder, das Meer, Patchworkdecken, schmiedeeiserne Verzierungen, Eiswagen und Geschichten, in denen es um Sehnsucht geht. Mehr über Mati Rose McDonough unter www.matirose.com.

Kleiner Seehund von Mati Rose McDonough

18 so wohnen wir

Material

- Ölkreiden
- Wasserfarben
- Pinsel
- Kleines Holzbrett (grundiert) oder kleine Malpappe

Idee und Planung: Schaut Euch Euer Haus an, zeichnet es oder macht ein Foto davon, das ihr als Vorlage verwenden könnt. Natürlich kann man auch aus dem Gedächtnis arbeiten. Überlegt, wie viele Fenster und Türen das Haus hat. Wie sehen der Hof oder der Garten aus? All diese Fragen solltet Ihr Euch vorab stellen.

Tipp

Geben Sie den Kleinsten zuerst einen Bleistift und anschließend die Ölkreiden, um auf dem Brett zu malen. Zum Schluss können die Umrisse mit schwarzer Öl-kreide nachgezogen werden. Zeigen Sie ihnen, wie sie die Farben mit den Fingern verwischen und ineinander über-gehen lassen können.

Weiterführung

- Ein Bild vom Haus eines Freundes oder Verwandten wäre doch auch eine Idee – und eignet sich wunderbar als Geschenk!
- Vielleicht ist ja auch ein Garten das interessantere Motiv? Man kann ihn durchaus auch ohne das Haus malen!

Es kann losgehen!

Abbildung 1: Zeichnet das Haus.

1. Mit einem schwarzen Marker kann man das Haus gut auf das Brett zeichnen (siehe Abbildung 1). Man kann auch mit einem Bleistift anfangen und die Linien dann mit dem Marker nachziehen.
2. Nehmt Ölkreiden, um Haus und Garten anzumalen (siehe Abbildung 2).
3. Zum Schluss kann man mit Wasserfarben weiterarbeiten. Die Ölkreide nimmt die Farbe nicht an, die Linien bleiben erhalten.

Abbildung 2: Malt es mit Farben.

Künstlerporträt: Lindy Carroll

Lindy Carroll eine Künstlerin aus Newmarket, New Hampshire. Sie hat an der Universität von New Hampshire den Master in Bildender Kunst gemacht. Ihre Bilder sind filigrane Interpretationen von Szenen in New England und darüber hinaus.

Blick auf den Garten von Lindy Carroll

19 Süßes Malen

- Kleine Dose gesüßter Kondensmilch
- Flüssige Wasserfarben, Tusche oder flüssige Pigmente
- Löffel
- Zeichenkarton
- Pinsel
- Kleine Becher für die Farben

Idee und Planung: Bei diesem Projekt können kleine Kinder mit emailartigen Farben arbeiten, die absolut ungiftig sind. Die gesüßte Kondensmilch verleiht den Farben Textur und Glanz, die mit anderen Kinderfarben nicht zu erreichen wären. Die Farbe ist klebrig, schön dickflüssig und lässt sich wunderbar verarbeiten. Achtung: Das Bild muss völlig trocken sein, bevor es bewegt wird!

Tipp

Haben Sie ein Auge darauf, dass die Farbe auf dem Papier und nicht im Mund der Künstler landet.

Weiterführung

Mit dieser Farbe lässt sich auch gut auf Holz arbeiten. Verwendet ausrangierte Holzteile oder Abfallholz vom Holzlager oder dem örtlichen Schreiner.

Es kann losgehen!

Abbildung 1: Mischt die Farbe an.

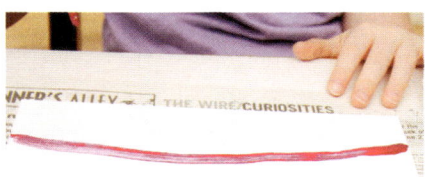

Abbildung 2: Fangt an zu malen.

Abbildung 3: Mischt neue Farben auf dem Papier.

1. Mischt die Farben in kleinen Gefäßen an. Wir haben einen Eierkarton aus Plastik verwendet, aber leere Plastikbecher sind auch gut geeignet. Gießt ein wenig Milch in das Gefäß und fügt ein paar Topfen Farbe hinzu. Rührt so lange, bis die Farbe gleichmäßig ist (siehe Abbildung 1).

2. Entscheidet Euch für ein Motiv.

3. Fangt an, mit der ersten Farbe zu malen (siehe Abbildung 2).

4. Malt mit allen Farben, die Ihr habt, weiter an Eurem Bild. Versucht in einem weiteren Gefäß neue Farbtöne zu mischen (siehe Abbildung 3).

Künstlerporträt: Mitchell Rosenzweig

Mitchell Rosenzweig ist ein Künstler, der in New Jersey und New Mexico lebt. Er sagt: „Die stark abstrahierte Landschaftsansicht ist schon immer das Zentralthema meiner Malerei gewesen. Ich liebe die Herausforderung, Natur in Abstraktion umzusetzen." Das Bild *Double Dome* ist mit Email- und Ölfarbe gemalt. Mehr über Mitchell Rosenzweig unter www.mitchellrosenzweig.com.

Double Dome von Mitchell Rosenzweig

Op Art

Material

- Ölkreiden
- Weißes Zeichenpapier
- Wasserfarben
- Zeitungspapier
- Wasser zum Pinselauswaschen

Idee und Planung: Beschäftigt Euch doch einmal mit den Werken einiger Op-Art-Künstler. Informationen über diese Meister der optischen Täuschung findet Ihr sicher in der örtlichen Bibliothek. Bei dem vorliegenden Projekt spielen wir mit denselben Formen, die auch diese Künstler verwendet haben: mit Rechtecken und Kreisen. Wählt vor dem Beginn der Arbeit Ölkreiden in den Farben aus, die ihr gerne benutzen möchtet.

Tipp: Dies ist eine großartige Möglichkeit, schon bei einem kleinen Kind das Interesse an Formen zu wecken. Verwenden Sie Gegenstände in der Form, die Sie zeichnen möchten, deren Umrisse man nachziehen kann, zum Beispiel ein kleines Schmuckkästchen für ein Rechteck oder Quadrat und einen Plastikbecher für einen Kreis. Die Kinder können dann die Formen innerhalb (kleiner) und außerhalb der Kontur (größer) wiederholen.

Weiterführung

Diese Op-Art-Bilder können auch auf kleinen Stückchen holzfreiem, unbeschichteten Karton (Passepartoutkarton) gearbeitet werden. Daraus kann man dann ein Mobile bauen, wie im Kapitel 5 bei den Skulpturen beschrieben.

Es kann losgehen!

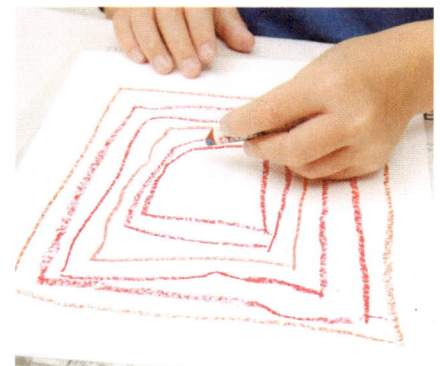

Abbildung 1: *Wiederholt die Form noch ein paar Mal.*

1. Fangt an, entweder Kreise oder Quadrate mit den Ölkreiden zu malen. Dabei beginnt Ihr entweder in der Mitte oder am Rand des Papiers.

2. Wiederholt die Form, die Ihr Euch ausgesucht habt, immer wieder, bis das Blatt voll ist. Arbeitet von außen nach innen, wenn Ihr am Blattrand begonnen habt, oder von innen nach außen, wenn Ihr in der Mitte angefangen habt (siehe Abbildung 1).

3. Verwendet so viele Farben, wie Ihr Lust habt, um die weißen Stellen zwischen den Linien zu füllen (siehe Abbildung 2).

4. Malt das Bild fertig und macht gleich noch ein zweites mit einer anderen Form (siehe Abbildung 3).

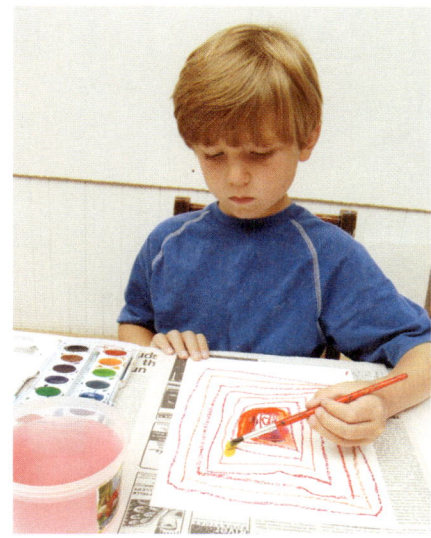

Abbildung 2: *Malt mit Wasserfarben über die Ölkreiden.*

Abbildung 3: *Vollendet Euer Kunstwerk.*

Künstlerporträt: Victor Vasarely

Victor Vasarely gilt als Begründer der Op Art. Seine Werke befinden sich in Kunstmuseen in aller Welt und seine Arbeit aus den 1960er- und 1970er-Jahren hat sowohl die Mode, die Computerwissenschaft als auch die Architektur beeinflusst. Mehr Informationen über Victor Vasarely unter www.vasarely.com.

Hier rechts sieht man eine Op-Art-Skulptur von Victor Vasarely, die in Pécs, Ungarn, steht.

21 Kreise malen

- Großer Bogen Bastelpapier
- Großer, abgerundeter Flachpinsel
- Acryl- oder Temperafarben in drei Farbtönen
- Weiße Acryl- oder Temperafarbe
- Zeitungspapier
- Wasser zum Pinselauswaschen

Künstlerporträt:
Wassily Kandinsky

Wassily Kandinsky kam in Moskau zur Welt und verbrachte einen großen Teil seines Lebens in Deutschland und Frankreich. Im Laufe seines Lebens hat sich sein Stil sehr verändert, seine Arbeiten im Stil des abstrakten Expressionismus sind jedoch die bekanntesten. Er verwendete Formen – zum Beispiel den Kreis –, um seinen Empfindungen als Künstler Ausdruck zu verleihen.

Farbstudie Quadrate
von Wassily Kandinsky

Idee und Planung: Der Kreis ist eine natürliche Form, die jedes Kind kennt und – ebenso wie jeder Erwachsene – gerne zeichnet. Vor der eigentlichen Arbeit können die Kinder zuerst mit dem Finger einen Kreis in die Luft zu malen, dann mit dem ganzen Arm und zum Schluss noch einmal, indem sie sich mit ausgestreckten Armen um sich selbst drehen. Der Schwerpunkt dieses Projekts liegt auf der Komposition, die bei der Ausführung durch Farbe, Tonwert und Motiv des Bildes vorgegeben ist.

Tipp: Sorgen Sie dafür, dass auch ganz kleine Kinder von dort, wo sie stehen, das ganze Papier bearbeiten können. Das kann bedeuten, dass sie auf einem kleineren Blatt malen müssen.

Es kann losgehen!

Abbildung 1: Beginnt mit der ersten Farbe.

Abbildung 2: Fügt eine zweite Farbe hinzu.

Abbildung 3: Malt mit der dritten Farbe.

1. Beginnt mit einer der Farben, die Ihr Euch ausgesucht habt, überall auf dem Papier Kreise zu malen. Wenn Ihr wollt, könnt Ihr einige Kreise auch ausfüllen und Punkte daraus machen. Jede Größe ist gut (siehe Abbildung 1).

2. Wascht den Pinsel gründlich aus und lasst ihn vollständig trocknen.

3. Wählt eine zweite Farbe und malt damit weitere Kreise und Punkte auf das Papier. Ihr könnt ein paar der ersten Kreise mit der neuen Farbe ausfüllen oder umranden (siehe Abbildung 2).

4. Malt mit einer dritten Farbe weiter. Verwendet sie für den Hintergrund und umrandet damit ein paar der vorhandenen Kreise (siehe Abbildung 3).

5. Ganz zum Schluss nehmt Ihr Weiß, um weitere Kreise auszufüllen, zu umrancen oder um den Hintergrund fertig zu malen. Wenn Ihr schon vorher Weiß benutzt habt, nehmt Ihr für diesen Arbeitsschritt eine der anderen Farben (siehe Abbildung 4).

Abbildung 4: Legt den Hintergrund an.

Weiterführung

Man kann auch andere Formen nach dieser Methode malen.

Drucken

KUNSTWERKE ZU VERVIELFÄLTIGEN KANN SÜCHTIG MACHEN. Beim Drucken sieht man sofort das Ergebnis und der Zufall bereichert den technischen Prozess. Kleine Kinder machen schrecklich gern Hand- oder Fingerabdrücke – Sie brauchen nur einmal zu beobachten, was sie mit ein bisschen Pudding auf dem Tischchen ihres Hochstuhls zustande bringen! Auf den folgenden Seiten wird das Thema vertieft. Mit unterschiedlichem Papier und einer ganzen Reihe von Techniken kann man jedes Projekt in unendlich vielen Varianten weiterführen.

22 Drucken mit Buchstaben

Material

- Buchstabenstempel aus Schaumstoff
- Farbe
- Flache Styroporschale
- Zeichenkarton

Idee und Planung:
Bei diesen Drucken werden Buchstabenformen benutzt, um ein Bild aufzubauen, zum Beispiel eine Hügellandschaft, ein Gebäude oder auch einen Menschen oder ein Tier. Der Fantasie der Kinder sind keine Grenzen gesetzt.

Tipp

Beim Drucken mit den Buchstaben des Alphabets werden die Kinder mit ihrer Form vertraut und fangen an, sie wiederzuerkennen.

Weiterführung

Interessant ist es, wenn man das ganze Blatt mit Buchstaben füllt und das Motiv trotzdem erkennbar bleibt.

Es kann losgehen!

Abbildung 1: *Arrangiert die Buchstaben.*

Abbildung 2: *Druckt mit dem Schaumstoffbuchstaben.*

Abbildung 3: *Tunkt den Buchstaben in die Farbe und druckt damit.*

Abbildung 4: *Stellt die Form fertig.*

1. Arrangiert die Buchstaben zu den Formen, die Ihr drucken möchtet (siehe Abbildung 1).

2. Tunkt die Buchstaben in die Farbe, streift überschüssige Farbe am Rand der Schale ab und druckt euren ersten Buchstaben (siehe Abbildung 2).

3. Arbeitet auf diese Weise weiter und druckt ein Motiv oder eine Form mit cen Buchstaben (siehe Abbildung 3).

4. Druckt euer Motiv fertig (siehe Abbildung 4). Wenn Ihr wollt, könnt Ihr jetzt noch den Hintergrund mit Buchstaben füllen. Sie können ruhig auf dem Koof stehen oder auf der Seite liegen.

Künstlerporträt: Robert Indiana

Robert Indiana ist ein amerikanischer Künstler, der oft Wörter in seinen Bildern benutzt. Sein Bild Love wurde von der Post der Vereinigten Staaten in ihrer ersten Serie von Briefmarken zum Thema Liebe verwendet. Mehr über Robert Indianas Arbeiten unter www.robertindiana.com.

Love Stamp von Robert Indiana

23 Drucken mit der Abklatschtechnik

- Zeichenkarton
- Pinsel
- Acryl- oder Temperafarben
- Zeitungspapier
- Plexiglas als Palette
- Wasser zum Pinselauswaschen

Idee und Planung: Diese spontanen Drucke bieten eine hervorragende Gelegenheit, Erfahrungen mit gespiegelten Bildern zu sammeln. Auf spielerische Weise werden Kinder hier an das Drucken herangeführt und die Arbeit dauert durchaus länger als nur ein paar Minuten. Lassen Sie die Kinder die Farben auswählen und helfen Sie ihnen dabei, die Blätter vorzufalten, bis sie allein damit zurechtkommen.

Tipp

Sehr kleinen Kindern fällt es oft leichter, die Farbe mit einer kleinen Plastik-flasche aufzutragen. Befüllen Sie ein leeres Fläschchen von Papierkleber mit flüssiger Temperafarbe.

Weiterführung

- Mit dieser Methode könnte man gut ein Gesicht, einen Regenbogen oder einen Schmetterling gestalten.
- Arbeitet zuerst nur mit ein paar Farbklecksen und lasst Euch von dem Ergebnis überraschen, wenn Ihr das Papier wieder auseinanderfaltet.

Es kann losgehen!

Abbildung 1: *Faltet das Blatt in der Mitte vor, damit es später leichter geht.*

Abbildung 2: *Malt auf der Seite links von der gefalteten Linie.*

1. Faltet das Blatt in der Mitte und dann wieder auseinander. Streicht es glatt (siehe Abbildung 1).

2. Nehmt mit dem Pinsel Farbe auf und malt nur auf einer Seite der gefalteten Linie (siehe Abbildung 2).

3. Faltet das Blatt (siehe Abbildung 3).

4. Presst das Papier zusammen und streicht kräftig darüber (siehe Abbildung 4).

5. Schlagt den Bogen auf und seht das Ergebnis an (siehe Abbildung 5).

6. Macht weiter bis Ihr mit euren Werk zufrieden seid (siehe Abbildung 6).

Abbildung 3: *Faltet das Papier zusammen.*

Abbildung 4: *Streicht mit der Hand über das zusammengefaltete Papier.*

Abbildung 5: *Jetzt dürft Ihr schon hineinschauen.*

Abbildung 6: *Malt an Eurem Druck weiter.*

Künstlerporträt Susan Schwake

„Ich bin immer wieder fasziniert von der Rolle, die der Zufall in der Kunst spielt. Ich habe diese Arbeit ganz bewusst Ohne Titel genannt, um die Rolle des Zufalls zu betonen. Dass ich diese Werke nur nummeriert und ihnen keinen Titel gegeben habe, soll den Betrachter dazu anregen, mit dem Bild zu interagieren und ihm so die Möglichkeit geben, das Werk ganz nach seinem Wunsch zu interpretieren." Mehr über Susan Schwake unter www.susanschwake.com.

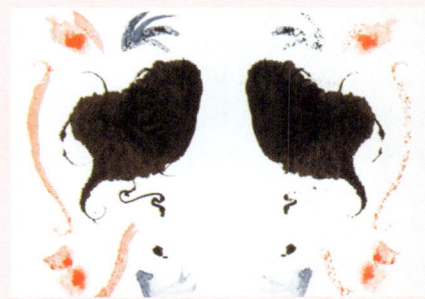

Ohne Titel von Susan Schwake

24 Drucken mit Kartoffeln

Idee und Planung: Ein Erwachsener sollte die Kartoffeln mit einem scharfen Messer halbieren. Achten Sie darauf, dass die Schnittfläche schön gerade ist, damit der Druck sauber ausfällt.

Tipp: Kleine Hände kommen mit dieser Technik besser zurecht, wenn man eine Gabel als Griff in die Kartoffelhälfte steckt.

- Kleine runde Kartoffeln
- Stempelkissen in verschiedenen Farben
- Zeichenkarton
- Farbiges Papier
- Saugfähiges Küchenpapier
- Zeitungspapier
- Plastikmesser
- Gabeln (aus Plastik oder Metall)

Weiterführung

Mit Kartoffeldruck kann man wunderbar Grußkarten oder Geschenkpapier verzieren.

Es kann losgehen!

Abbildung 1: *Zuerst zieht Ihr mit dem Messer ein paar Linien.*

Abbildung 2: *Schneidet kleine runde Vertiefungen in die Oberfläche.*

Abbildung 3: *Drückt die Kartoffel auf das Stempelkissen. .*

Abbildung 4: *Stempelt auf das Papier.*

1. Um eine Linie in die Kartoffel zu schneiden, zieht Ihr das Plastikmesser ein paar Mal hin und her (siehe Abbildung 1).

2. Drückt die Messerspitze vorsichtig in die Oberfläche und dreht das Messer dann, um ein kleines Loch herauszuarbeiten (siehe Abbildung 2).

3. Arbeitet auch noch an anderen Stellen Linien und Vertiefungen aus der Oberfläche heraus. Es macht gar nichts, wenn dabei die Ränder der Kartoffelhälfte in Mitleidenschaft gezogen werden.

4. Presst die Kartoffel auf das Küchentuch, um die Flüssigkeit zu reduzieren. Arbeitet weitere Muster in andere Kartoffeln.

5. Polstert die Arbeitsfläche mit einer dicken Schicht Zeitungspapier und legt das Blatt, das Ihr bedrucken wollt, obendrauf.

6. Drückt die Kartoffel fest auf ein Stempelkissen (siehe Abbildung 3). Anschließend drückt Ihr sie an einer geeigneten Stelle auf das Papier (siehe Abbildung 4).

7. Arbeitet weiter wie bisher.

Künstlerporträt: Friedensreich Hundertwasser

Friedensreich Hundertwasser war ein bekannter Künstler, der in Österreich geboren wurde. Sein Werk reichte von Architektur über Gemälde bis hin zu Briefmarken, wie wir hier sehen. Er verwendete niemals gerade Linien und Kreise waren ein wichtiges Element seiner Arbeit. Das bunte Hundertwasserhaus in Wien ist ein großartiges Beispiel seiner Arbeit. Weitere Informationen über Hundertwasser unter www.hundertwasser.de.

UNO-Briefmarke von Friedensreich Hundertwasser

Drucken mit der Abreibetechnik

Material

- Weißes Zeichenpapier
- Texturplatten
- Wachsmalstifte oder Ölkreiden ohne Papierhülle

optional:

- Wasserfarben, Pinsel, Zeitungspapier und Wasser
- Andere texturierte Objekte/ Gegenstände

Weiterführung

Fertigen Sie ganze Drucke oder Kunstwerke mit dieser Technik an. Zum Beispiel kann man ein Haus mit Fenstern und Türen darstellen, wenn man sich quadratische oder rechteckige Dinge zum Abreiben aussucht.

Idee und Planung: Wenn man mit dem Finger über eine Texturplatte streicht, fühlt man kleine Hubbel. Schaut Euch in Eurer unmittelbaren Umgebung einmal nach weiteren Gegenständen um, die solche Unebenheiten aufweisen: Fliegengitter, Holzfußboden, Backsteinwände und die Rippen eines Heizkörpers sind nur ein paar Beispiele. Wenn Ihr keine Texturplatten im Haus habt, dann erfüllen auch die Sohlen von Turnschuhen, Kämme, Münzen, Schlüssel oder Ähnliches diesen Zweck. Macht Euch auch selbst auf die Suche nach texturierten Objekten, die sich für die geplante Arbeit verwenden lassen.

Tipp: Dieses Projekt eignet sich gut für kleinere Kinder. Wenn möglich verwenden Sie größere Ölkreiden: Mit ihnen erzielt man auch ohne großen Druck gute Ergebnisse.

Es kann losgehen!

Abbildung 1: *Legt Papier auf eine Texturplatte.*

Abbildung 2: *Reibt mit der Farbe über das Papier.*

Abbildung 3: *Legt mehrere Farbschichten übereinander.*

Abbildung 4: *Malt die Zwischenräume mit Wasserfarben aus.*

1. Legt das Papier auf eine Texturplatte oder einen Gegenstand (siehe Abbildung 1).
2. Wählt eine Farbe aus und reibt mit der Seite des Stifts oder der Kreide über das Papier (siehe Abbildung 2).
3. Nehmt eine weitere Farbe und tragt sie über oder neben der ersten Farbe auf (siehe Abbildung 3).
4. Benutzt so viele Farben, wie Ihr wollt. Wenn sich die Schichten überlagern, entstehen neue Farben.
5. Man kann den weißen Hintergrund mit Wasserfarben anmalen, damit die Texturen besonders gut zu Geltung kommen (siehe Abbildung 4).
6. Lasst Euer Werk gut trocknen. Streicht dann einmal über das Papier. Es ist immer noch ganz glatt, man sieht zwar ganz deutlich eine Textur, aber man kann sie nicht fühlen.

Künstlerporträt: Erik Boettcher

Erik Boettcher ist ein Künstler aus New Hampshire, der mit Fundobjekten druckt und sie zu Kunstwerken zusammenfügt. Für seine Arbeiten verwendet er altmodische Maschinen, alte Metallteile und viele Objekte aus der Mitte des 20. Jahrhunderts. Mehr über Erik Boettchers Werk unter www.artstreamstudios.com.

Garden State von Erik Boettcher

Monotypien mit Wasserfarben

Idee und Planung: Es macht Spaß, auf einer glatten, rutschigen Oberfläche zu malen – einer Fläche, auf der die Formen nicht unbedingt so bleiben, wie man es erwartet. Haltet Euch bei diesem Projekt an Regenbogen, Wirbel und Punkte, weil das Formen sind, die auch auf einer glatten Oberfläche entstehen. Denkt immer daran, dass dies nur eine freie Übung im Malen und Drucken ist. Einzelheiten spielen keine Rolle, wenn man möchte, kann man sie später ergänzen.

- Zeichenkarton oder anderes schweres Papier
- Pinsel für Wasserfarben
- Wasserfarben
- Plexiglasplatte
- Zeitungspapier
- Wasser zum Pinselauswaschen

Tipp

Dieses Projekt eignet sich auch für ganz kleine Kinder.

Weiterführung

- Wenn der Druck trocken ist, kann man mit dem Bleistift, mit Öl- oder Pastellkreiden oder einem Permanentmarker Details hinzufügen.
- Wählt eine lebhafte Hintergrundmusik für diese Arbeit aus und beobachtet während des Zuhörens, wie die Farbe sich auf der Plexiglasplatte verteilt.

Es kann losgehen!

Abbildung 1: *Nehmt mit dem Pinsel Farbe auf.*

Abbildung 2: *Bemalt die Plexiglasplatte.*

1. Legt zuerst ein Blatt Papier unter die Plexiglasplatte, damit Ihr wisst, wie groß Euer Bild später wird.

2. Macht den Pinsel gut nass, bevor Ihr die Farbe aufnehmt (siehe Abbildung 1).

3. Malt auf der Platte, ganz so, wie es Euch gefällt.

4. Nehmt andere Farben dazu und malt so lange weiter, bis die ganze Plexiglasplatte mit Farbe bedeckt ist (siehe Abbildung 2).

5. Nehmt jetzt das Druckpapier und legt es so auf die Platte, dass seine Ränder mit denen des Papiers unter der Platte übereinstimmen (siehe Abbildung 3).

Abbildung 3: *Legt das Papier auf die Platte.*

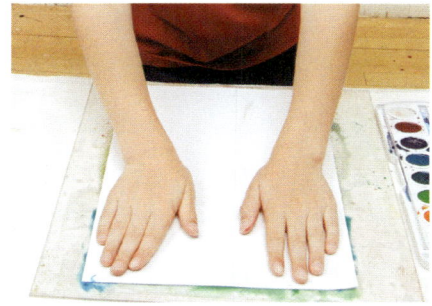

Abbildung 4: *Streicht kräftig über das Papier.*

6. Legt das Papier ganz vorsichtig auf die Plexiglasplatte und streicht dann sorgfältig mit den Händen über die Rückseite des Papiers (siehe Abbildung 4).

7. Hebt das Papier mit Eurem Druck vorsichtig ab und lasst es trocknen (siehe Abbildung 5).

Abbildung 5: *Hebt das Papier vorsichtig ab.*

Künstlerporträt Susan Schwake

„Diese Monotypie ist die Antwort auf das Gedicht meiner Freundin Jennifer Caswell, das denselben Titel trägt. Es entstand ganz spontan und spielerisch während eines Druckversuchs mit einer Plexiglasplatte und einem Kaffeefilter. Als der Druck fertig war, legte ich die Transparentfolie mit den Sonnenbrillen darüber. „Das Leben durch die rosarote Brille betrachtet."

Rosarote Brillen von Susan Schwake

27

Drucken mit Klebstoff

- Weißer oder transparenter Klebstoff
- Passepartoutkarton (holzfreier, unbeschichteter Karton)
- Stempeldruckfarbe auf Wasserbasis
- Walze
- Zeitungspapier
- flache Styroporschale
- Bleistift

Idee und Planung: Drucke mit Klebstoff können so einfach oder komplex sein, wie man möchte. Ihre Herstellung beherrschen auch schon ganz kleine Kinder. Den Kleber aus dem Plastikfläschchen tropfen zu lassen oder damit Linien auf der Druckplatte zu zeichnen macht allen Spaß. Ich verwende gern transparenten Alleskleber, weil man dann die Bleistiftlinien noch erkennen kann. Er kommt in dickflüssiger Konsistenz aus der Flasche und lässt sich schnell abwaschen. Überlegen Sie, ob Sie Ihre Idee vorzeichnen oder lieber gleich mit dem Kleber arbeiten möchten.

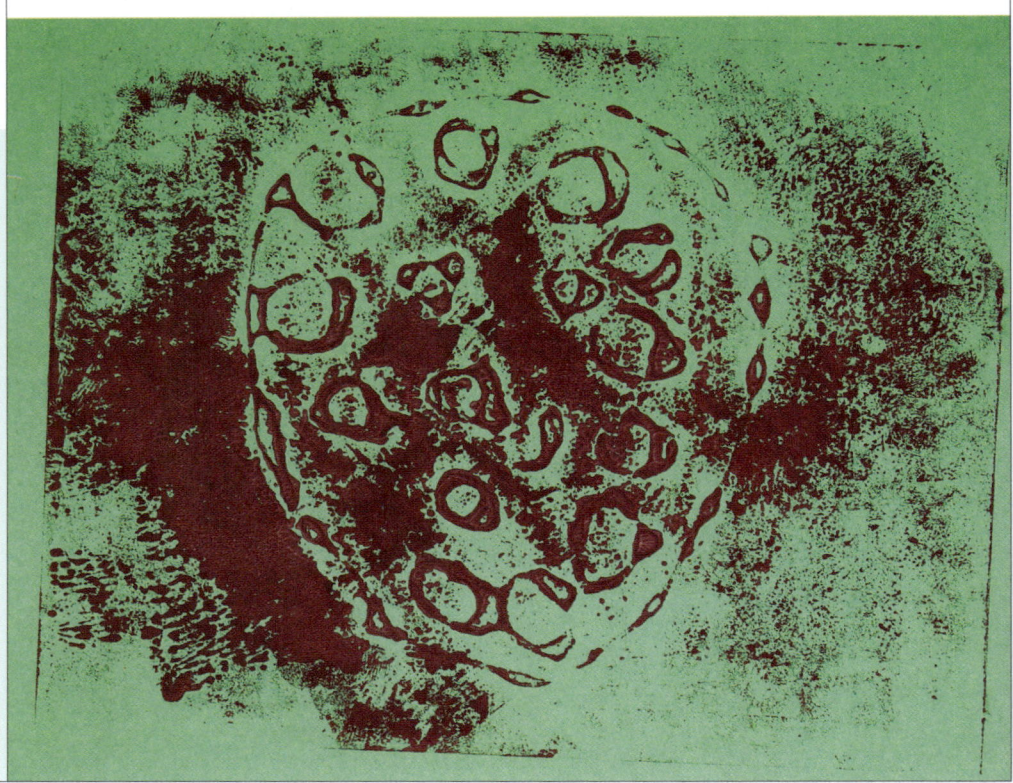

Tipp

Ganz kleine Kindern sollten die Bleistift-vorzeichnung auslassen und den Kleber lieber gleich mit der Plastikflasche auf den Karton tropfen. Achten Sie darauf, dass sich die Klebstoffmenge in Grenzen hält. Schlagen Sie den kleinen Künstlern vor, Punkte zu machen.

Weiterführung

- Mit zwei verschiedenen Druckplatten kann man einen zweifarbigen Druck herstellen. Druckt zuerst mit der einen Farbe, lasst das Blatt über Nacht trocknen und druckt dann mit der anderen Farbe.
- Arbeitet zur Abwechslung auf farbigem Papier oder benutzt bunte Druckfarben auf weißem Untergrund.

Es kann losgehen!

Abbildung 1: Zeichnet mit Klebstoff auf den Karton.

1. Skizziert Eure Idee zuerst auf dem Passepartoutkarton, wenn Ihr möchtet.

2. Fangt an, Euer Motiv mit dem Kleber zu zeichnen (siehe Abbildung 1).

3. Macht so weiter, bis Euer Motiv und alles, was Ihr drucken wollt, mit Klebstofflinien wiedergegeben ist. Der Karton ist Eure Druckplatte.

4. Lasst den Kleber über Nacht trocknen. Am nächsten Tag könnt Ihr mit dem Drucken beginnen!

5. Verteilt mit der Walze etwas Druckfarbe auf einer flachen Styroporschale (siehe Abbildung 2 und Kapitel 1).

6. Verteilt die Farbe mit der Walze auf dem Karton und achtet darauf, dass all Eure Klebstofflinien mit Farbe bedeckt sind (siehe Abbildung 3).

7. Legt das Papier auf den Karton, streicht mit der flachen Hand fest darüber und drückt es gut an. Ihr solltet dabei die Klebstofflinien mit den Fingerspitzen fühlen können (siehe Abbildung 4).

8. Zieht das Papier dann vorsichtig ab und lasst es über Nacht trocknen.

Abbildung 2: Bereitet die Druckfarbe vor.

Abbildung 3: Verteilt die Druckfarbe auf dem getrockneten Klebstoff.

Abbildung 4: Streicht das Papier glatt und drückt es gut an.

Künstlerporträt: John Terry Downs

John Terry Downs ist ein Druckkünstler, der in New Hampshire lebt. Er war Professor für Kunst an der Plymouth State University und ist vor kurzem in Ruhestand gegangen. John Terry Downs ist aktives Mitglied der Ogunquit Art Association und der Boston Printmakers Society. Sein Werk reicht von gegenständlichen Tiefdrucken bis hin zu abstrakten Monotypien, wie der hier abgebildeten.

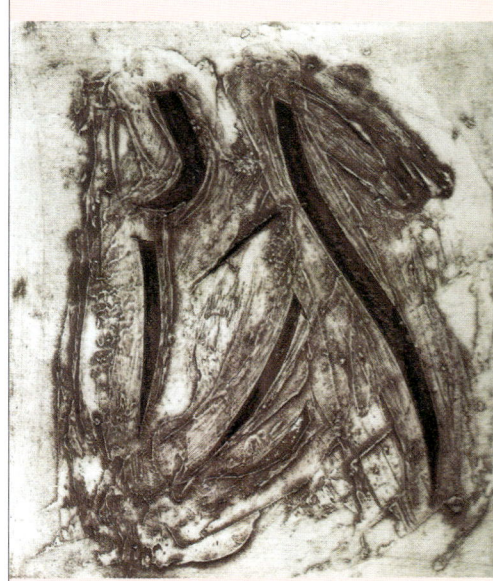

Walker von John Terry Downs

Drucken mit Spitze

- Verschiedene Spitzen
- Zeichenkarton
- Stempeldruckfarbe auf Wasserbasis
- Walze
- Zeitungspapier
- Flache Styroporschale
- Plexiglasscheibe

Idee und Planung: Mit Spitze, Borten, den Stanzresten von Pailletten oder irgendetwas anderem, das flach ist und Löcher aufweist, kann man wunderschöne Drucke herstellen. Probiert es einmal mit Zierdeckchen aus Papier oder Plastik, wenn Sie so etwas finden können. Auf dem Flohmarkt nach geeignetem Material Ausschau zu halten, ist ein wesentlicher Teil des Vergnügens! Druckfarbe auf Wasserbasis lässt sich aus fast allen Materialien herauswaschen – manchmal gelingt es allerdings nicht vollständig.

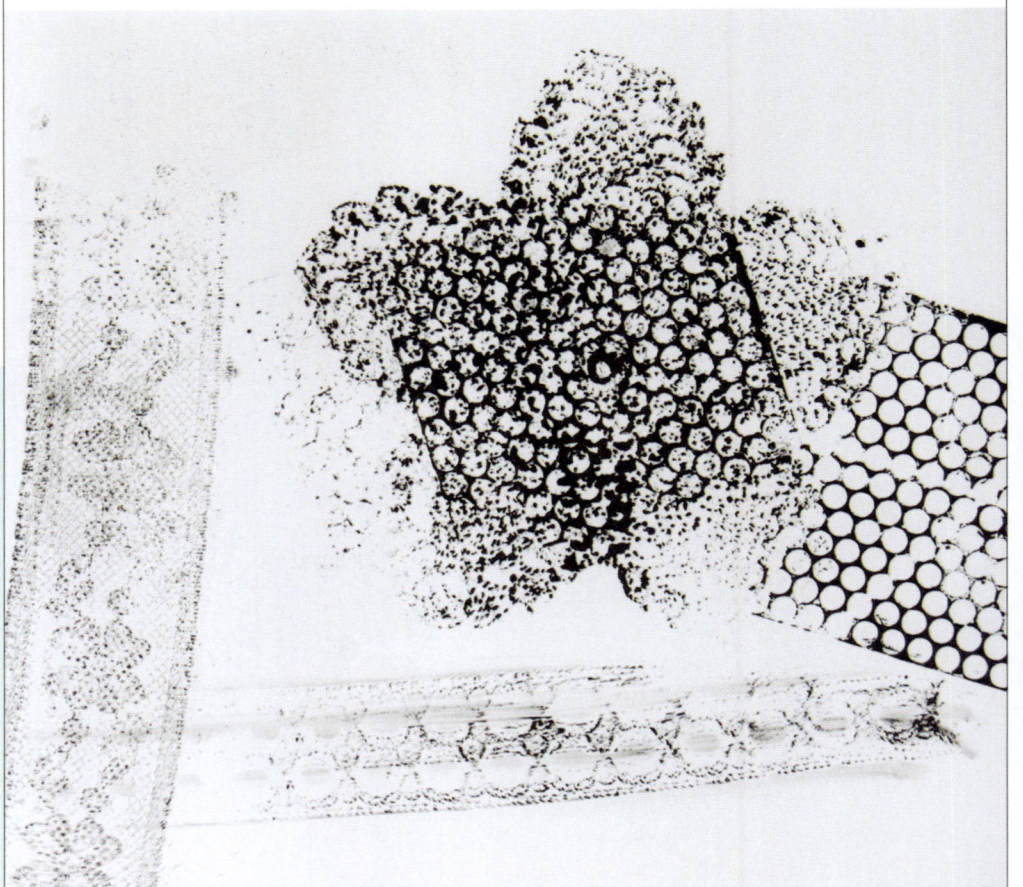

Tipp

Bei diesem Projekt haben auch schon ganz kleine Kinder Spaß am Drucken. Sie müssen lediglich darauf achten, dass die kleinen Künstler nicht allzu großzügig mit der Druckfarbe umgehen.

Weiterführung

- Probiert bunte Druckfarben auf farbigem Untergrund aus.
- Benutzt weiße Druckfarbe auf dunklem Papier, das unterstreicht den „Spitzeneffekt"!

Es kann losgehen!

Abbildung 1: *Verteilt die Druckfarbe auf der Spitze.*

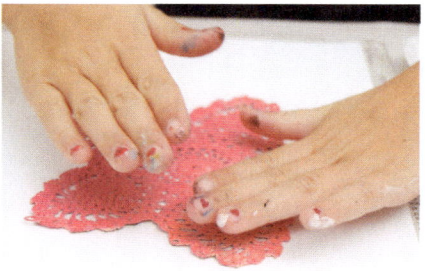

Abbildung 2: *Druckt mit der Spitze.*

Abbildung 3: *Hebt die Spitze vorsichtig vom Papier ab.*

Abbildung 4: *Druckt mit anderem Material weiter.*

1. Sucht die erste Spitze aus, mit der Ihr drucken möchtet, und legt sie auf das Plexiglas oder in die Styroporschale.

2. Verteilt die Druckfarbe so lange, bis sie glatt und gleichmäßig ist, und tragt sie dann mit der Walze auf die Spitze auf (siehe Abbildung 1).

3. Polstert die Arbeitsfläche mit einer dicken Lage Zeitungspapier und legt das Papier, das Ihr bedrucken möchtet, darauf.

4. Legt die Spitze mit der eingefärbten Seite nach unten auf das Papier.

Drückt sie mit der Hand fest an (siehe Abbildung 2). Wenn die Spitze ganz viele Löcher hat, könnt Ihr sie mit einem zweiten Blatt Papier abdecken und dann kräftig andrücken.

5. Hebt die Spitze vorsichtig vom Papier ab (siehe Abbildung 3).

6. Färbt weitere Spitzenteile ein (siehe Abbildung 4) und bedruckt das Papier so lange, bis Ihr mit Eurem Werk zufrieden seid.

7. Lasst den Druck über Nacht trocknen.

Künstlerporträt: Heather Smith Jones

Heather Smith Jones ist eine Künstlerin, die mit Mischtechniken arbeitet, das heißt, unterschiedliche Materialien bei einem Kunstwerk verwendet. Ihr Werk umfasst Arbeiten auf Papier, Gemälde, Fotografien und Drucken. Heather Smith Jones arbeitet in der Kunst-Vorschule am Lawrence Arts Center und hat schon alle Altersgruppen unterrichtet. Sie ist Autorin des Buchs Wasser Farbe Papier – Kreative Ideen in Aquarell und Mixed Media. Mehr über Heather Smith Jones unter www.heathersmithjones.com.

Grandmas Briefe von Heather Smith Jones

Drucken mit Luftballons

- Tempera- oder Acrylfarben
- Weißer Zeichenkarton
- Zeitungspapier
- Flache Styroporschale
- Luftballon (nicht zu fest aufgeblasen)

Tipp

Dieses Projekt bedeutet Spiel und Spaß für die Kleinen. „Rationieren" Sie die Farbe: Ein münzgroßer Klecks reicht für den Anfang!

Weiterführung

Diese texturierten Drucke sind an sich schon Kunstwerke, sie können aber auch als Hintergrund für Kollagen, Gemälde oder andere Mischtechniken dienen. Die Kinder entscheiden am besten selbst, was sie damit machen wollen.

Idee und Planung: Hierbei kommen schon ganz kleine Kinder voll auf ihre Kosten, aber auch größere Kinder und Erwachsene haben ganz gewiss ihren Spaß. Im Wesentlichen geht es bei diesem Projekt um Farbe: Welche Farben kann man kombinieren, um neue Farben, Töne und Schattierungen zu schaffen? Es empfiehlt sich, mit drei Farben zu beginnen, aber man sollte gleich ein paar weitere Luftballons und Styroporschalen bereithalten, um sofort weitermachen zu können. Bei diesem fröhlich-bunten Projekt mag bestimmt keiner nach dem ersten Druck aufhören. Stellen Sie also die Farben bereit, blasen Sie die Luftballons auf und schon kann es losgehen!

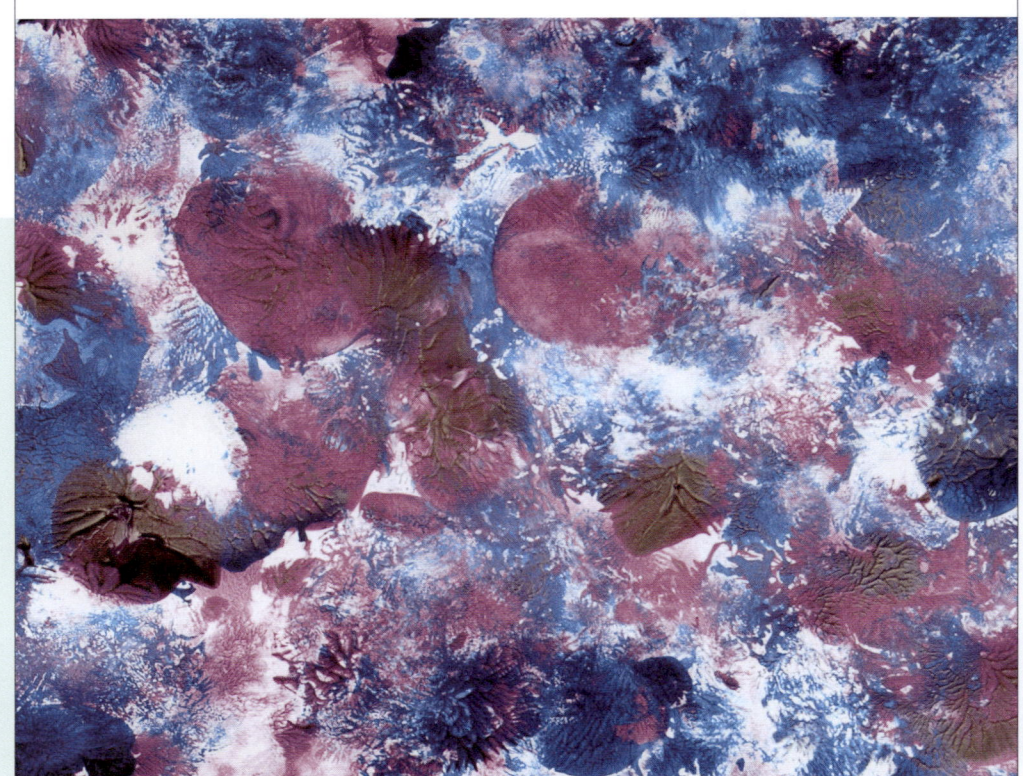

Es kann losgehen!

Abbildung 1: Drückt aen Luftballon in die Farbe.

Abbildung 2: Druckt mit der ersten Farbe.

1. Drückt den Luftballon in die erste Farbe (siehe Abbildung 1)

2. Drückt den Luftballon auf das Papier, um damit zu drucken (siehe Abbildung 2).

3. Entfernt den Luftballon, um den Abdruck zu betrachten, und lasst ihn anschließend weiter über das Papier hüpfen.

4. Drückt den Ballon immer wieder auf das Papier, ohne die Farbe aufzufrischen (siehe Abbildung 3).

5. Schaut nach, ob die Farbe an Eurem Luftballon schon fast aufgebraucht ist.

Abbildung 3: Tupft den Ballon immer wieder auf das Papier.

Abbildung 4: Verwendet eine weitere Farbe.

6. Drückt den Luftballon in die zweite Farbe und dann auf das Papier (siehe Abbildung 4).

7. Drückt den Ballon ruhig auch auf die Stellen, an denen schon Farbabdrücke vorhanden sind. Wenn die zweite Farbe aufgebraucht ist, geht Ihr zur dritten über.

8. Macht so weiter, bis Ihr mit Eurem Werk zufrieden seid.

9. Lasst alles trocknen und macht einen neuen Druck mit drei anderen Farben.

Künstlerporträt: Anne O. Smith

Die Künstlerin Anne O. Smith lebt in Strafford, New Hampshire. In ihren skurrilen, abstrakten Werken, arbeitet sie auch oft mit Collagen. Sie ist Mitglied der New Hampshire Art Association und stellt ihre Kunstwerke häufig aus. Mehr über ihre Arbeit unter www.artstreamstudios.com.

Neues aus der Gerüchteküche
von Anne O. Smith

30 Kreise und Linien drucken

- Schwarze Stempeldruckfarbe auf Wasserbasis
- Weißer Zeichenkarton
- Flache Styroporschalen
- Verschiedene Fundstücke: Lineale, Papprollen, Kaugummipapier, andere Dinge, die sonst nicht mehr gebraucht werden
- Walze
- Zeitungspapier

Weiterführung

- Verwendet farbiges Papier für andere Effekte.
- Drucke mit Gegenständen zu machen, die klare Konturen haben, hilft den Kindern, diese Formen in ihrer Umgebung zu erkennen.

Idee und Planung: Habt ihr schon mal darüber nachgedacht, dass man Linien und Kreise gut mit Gegenständen drucken kann, die in jedem Haushalt vorhanden sind? Gerade Linien entstehen mit Linealen, Holz, einem Teigschaber und Spielzeug. Für Kreise eignen sich Papprollen, Plastikdeckel, Tennisbälle und Kaugummipapier. Es gibt jede Menge Dinge, die man zum Drucken benutzen könnte – aber denkt unbedingt daran, einen Erwachsenen um Erlaubnis zu bitten, bevor diese Dinge zum Einsatz kommen.

Tipp: Sorgen Sie dafür, dass die kleinsten Künstler auch kleine Dinge zum Drucken benutzen können, da sie größere Gegenstände noch nicht gut halten können. Achten Sie darauf, dass sie diese kleinen Druckwerkzeuge nicht in den Mund stecken.

Es kann losgehen!

Abbildung 1: Tragt Farbe auf dem Objekt auf.

Abbildung 2: Druckt damit Linien auf das Papier.

1. Legt all Eure Objekte vor Euch auf die Arbeitsfläche. Rollt die Farbe mit der Walze auf der Styroporschale aus.
2. Tragt Farbe auf dem ersten Objekt auf (siehe Abbildung 1).
3. Drückt das Objekt auf das Papier (siehe Abbildung 2).

Abbildung 3: Druckt auch mit anderen Gegenständen.

4. Tragt Farbe auf andere Gegenstände auf und druckt damit weiter (siehe Abbildung 3).
5. Überlegt einmal, was man darstellen könnte, wenn man alle Gegenstände in einem Bild verwendet (siehe Abbildung 4), ein Haus, einen Zaun, ein Sonnensystem vielleicht?
6. Setzt all Eure Fundstücke ein und macht ganz viele Drucke damit.

Künstlerporträt: Edibeth Farrington

Edibeth Farrington sagt: „Zeichen zu setzen, Bilder entstehen zu lassen und kreativ zu sein – immer geht es darum, das herauszuholen, was im meinem Inneren ist, über Geschichten und Erinnerungen hinaus. Ich verwende gerne Andeutungen und kleine Hinweise auf die Realität, aber vor allem liegt mir daran, dass man meine Arbeit genießt, über das Werk nachdenkt, dass eine Verbindung zum Betrachter entsteht und dieser schließlich ein Aha-Erlebnis hat."

Abbildung 4: Probiert verschiedene Möglichkeiten aus.

Trauriger Beweis von Edibeth Farrington

Skulpturen

PAPIER GEHÖRT ZUR GRUNDAUSSTATTUNG EINES JEDEN KUNSTATELIERS, und in den fast allen Budgets ist der Posten Papier als Material für künstlerisches Gestalten vorgesehen. In dem vorliegenden Kapitel geht es darum, Papier als Malgrund, als Struktur und für Farbe, Textur und Tonwert einzusetzen. Es werden Collagen, Masken und Monster angefertigt und aus ausrangierten Landkarten, alten Zeitschriften und anderen Druck-Erzeugnissen wird eigenes Papier hergestellt. In allen Bereichen der Kunst kann Papier in vielfältiger Weise eingesetzt werden. Die folgenden Projekte sind als Sprungbrett gedacht, als Anregungen, die Sie dazu bringen sollen, auf andere Weise weiter mit Papier zu experimentieren und es mit anderen Medien zu verändern.

PROJEKT 31
Spaß mit Alufolie

Material

- Holzblock oder Zigarrenkiste aus Holz als Sockel
- Aluminiumfolie
- Heißklebepistole und Schmelzkleber (gehört nur in die Hände eines Erwachsenen!)

Idee und Planung: Stellt Euch hin und nehmt eine dramatische Pose ein – bitte so bleiben! Lasst dann eine andere Person posieren und seht euch an, wie lang seine Arme und Beine sind. Beim Modellieren mit Alufolie darf man das Material nicht gleich zu Anfang fest zusammendrücken. Die Folie lässt sich leichter gestalten, wenn sie nicht zu kompakt ist.

Tipp: Für besonders kleine Künstler ist die Aufgabenstellung vielleicht zu anspruchsvoll. Lassen Sie sie die Alufolie ganz nach ihren eigenen Vorstellungen formen. Mit Aluminiumfolie zu modellieren ist für kleine Kinder eine wunderbare Gelegenheit, etwas über dreidimensionale Formen zu lernen. Sie dürfen hier ihrer Fantasie freien Lauf lassen.

Künstlerporträt: Adam Pearson

Adam Pearson ist ein Künstler und Handwerker aus Barrington, New Hampshire. Momentan arbeitet er an die University of New Hampshire und ist dort zuständig für die Sicherheitsmaßnahmen, die Wartung von Maschinen und den Materialeinsatz in den Bereichen Skulptur, Keramik, Schweißen und Gießen. Mehr zu Adam Pearsons Metallskulpturen unter www.pearsonscuplture.com.

Baum von Adam Pearson

Es kann losgehen!

Abbildung 1: *Drückt die Alufolie zu einer lockeren Rolle zusammen.*

Abbildung 2: *Legt die Rollen überkreuz aufeinander.*

Abbildung 3: *Ergänzt den Kopf.*

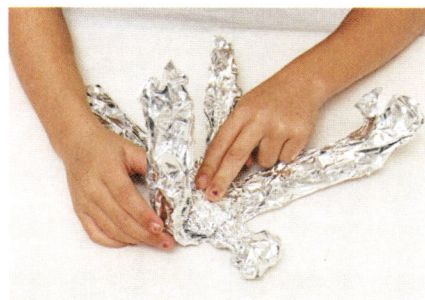

Abbildung 4: *Formt die Arme.*

Abbildung 5: *Formt den Körper.*

Abbildung 6: *Formt die Füße.*

1. Reißt fünf etwa 30 bis 80 cm lange Stücke von der Alufolie ab.

2. Geht behutsam mit der Alufolie um. Jedes Stück wird zu einem losen Strang zusammengedreht. Zwei sind für die Beine, zwei für die Arme und einer ist für Körper, Hals und Kopf (siehe Abbildung 1).

3. Legt zwei der Stränge an einem Ende überkreuz und dreht sie lose zusammen (siehe Abbildung 2).

4. Nehmt jetzt den Körper-Strang, legt die Beine in der Mitte darauf und faltet ihn über den Beinansatz auf die Hälfte (siehe Abbildung 3); drückt die Teile leicht zusammen.

5. Legt die beiden übrigen Stränge quer zum Körper vor Euch auf die Arbeitsfläche. Faltet sie über den Körper, um ihn zu verstärken und die Arme zu formen (siehe Abbildung 4). Drückt die Folie diesmal etwas kräftiger zusammen.

6. Modelliert die verschiedenen Körperteile ganz nach Eurem Geschmack (siehe Abbildung 5). Auch Kopf, Hände und Füße können jetzt genauer ausgearbeitet werden (siehe Abbildung 6).

7. Nun biegt Ihr Eure Figur in die ausgesuchte Pose und lasst sie dann von einem Erwachsenen mit Heißkleber auf dem Sockel befestigen.

Weiterführung

- Man könnte auch zwei Silberfiguren modellieren, die dann zusammen auf dem Sockel stehen.
- Vielleicht möchte die Silberfigur ja gerne ein Haustier haben?

Kartenstapel aus Karton

- Passepartoutkarton in verschiedene kleine Stücke geschnitten
- Trägerplatte aus Holz oder holzfreiem Karton, in passender Größe für die Kartonstücke
- Ölkreiden
- Transparenter Klebstoff

optional:

- Wasserfarben
- Pinsel und Wasser

Tipp

Auch sehr kleine Kinder haben schon Spaß an diesem Projekt, da sie besonders gerne bauen und stapeln.

Weiterführung

Man könnte für die obersten Kartonstückchen ein Thema vorgeben, wie zum Beispiel Natur, Tiere oder Farben.

Idee und Planung: Bei diesem Projekt wird ein Relief entstehen, das entweder an die Wand gehängt oder aufgestellt werden kann. Es wird ganz nach dem Geschmack des Künstlers aufgebaut: Ein Richtig oder Falsch gibt es nicht, der Künstler beginnt einfach mit verschiedenen Stapelmustern.

Es kann losgehen!

Abbildung 1: Zeichnet auf die Kartonstückchen.

Abbildung 2: Legt die Kärtchen zu Stapeln aufeinander.

1. Wählt ein paar Kartonstückchen aus und bemalt sie. Zeichnet auf einer Seite etwas mit Ölkreiden darauf oder malt sie bunt an (siehe Abbildung 1).
2. Arrangiert die übrigen Stückchen auf der Trägerplatte zu kleinen Stapeln (siehe Abbildung 2).
3. Legt die bunten Kärtchen ganz nach Eurem Geschmack oben auf die Stapel (siehe Abbildung 3).

Abbildung 3: Fügt die bemalten Kärtchen hinzu.

4. Klebt jetzt die Kärtchen der Stapel mit transparentem Kleber aufeinander, die bunten Kärtchen kommen obenauf (siehe Abbildung 4). Lasst die Stapel über Nacht trocknen.
5. Wenn Ihr Lust habt, könnt Ihr die Stapel noch mit Wasserfarben anmalen, nachdem der Klebstoff getrocknet ist.

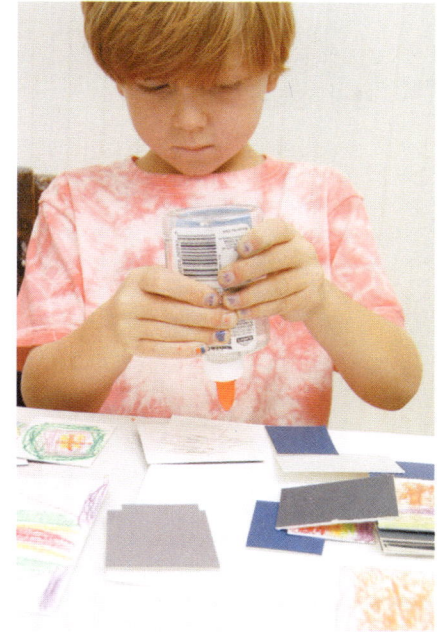

Abbildung 4: Klebt die Kärtchen aufeinander.

Künstlerporträt:
Judith Heller Cassell

Judith Heller Cassell ist eine gefeierte Künstlerin und Mitglied der Boston Printmakers Association. Ihr Werk reicht von Skulpturen bis hin zu Drucken, und manchmal mischt sie die beiden Medien. Bei der hier gezeigten Arbeit hat sie Kupfer, Holz und Mischtechnik eingesetzt. Judith Heller Cassells Drucke sind oft in der artstream studio gallery zu sehen, im Internet unter www.artstreamstudios.com.

Preservation von Judith Heller Cassell

33 Plastiken aus Ton

Material

- Niedrig sinternder Ton
- Werkzeug zum Einkerben des Tons
- Wasser
- Werkzeug zum Aufrauen des Tons
- Unter und transparente Glasur, die bei niedrigen Temperaturen gebrannt werden kann
- Hartfaserplatte oder Segeltuch
- Bleistift
- Früchte und Gemüse als Vorlage

Künstlerporträt: Cada Driscoll

Cada Driscoll ist eine Künstlerin aus New Hampshire, die mit Ton und Mischtechniken arbeitet. Ihre Tonkarotten sind ein außergewöhnlicher Wandschmuck und haben als Vorlage für dieses Projekt gedient. Mehr über Cada Driscoll in ihrem Blog www.cadacreates.blogspot.com.

Carrots von Cada Driscoll

Idee und Planung: Viele Künstler benutzen Früchte und Gemüse als Motiv in Stilleben, manche machen sie aber auch zum Gegenstand von Plastiken. Nehmt eine echte Frucht in die Hand nehmt und fühlt ihre Form und Struktur. Diese Eindrücke helfen Euch später, wenn Ihr sie aus Ton modellieren wollt. Bei diesem Projekt wird gezeigt, wie man eine Karotte modelliert. Ton ist sehr vielseitig, Eurer Fantasie ist keine Grenzen gesetzt. Wie wäre es denn mit einer ganzen Schale mit Obst und Gemüse?

Es kann losgehen!

Abbildung 1: *Rollt den Ton zwischen den Händen.*

1. Fangt mit einer kleinen Menge durchgewalktem Ton an (siehe Seite 23), die gut auf Eure Handfläche passt. Rollt es auf der Arbeitsfläche oder zwischen Euren Händen zu einer Rolle (siehe Abbildung 1).

2. Macht die Rolle an einem Ende etwas schmaler, wie bei einer echten Karotte. Mit einem Bleistift bohrt Ihr dann ein Loch in das andere Ende und höhlt es etwas aus (siehe Abbildung 2).

Es kann weitergehen!

3. Streicht die Oberfläche mit dem Finger glatt (siehe Abbildung 3).

4. Benutzt das Werkzeug zum Einkerben, um die Linien der Karotte herauszuarbeiten (siehe Abbildung 4). Wenn Ihr dazu ein spitzes Werkzeug verwendet, wie zum Beispiel einen Bleistift, dann entsteht beim Ritzen ein kleiner Grat. Diese überstehenden Teile müssen unbedingt entfernt werden, bevor das Stück gebrannt wird, beim Brennen werden sie sonst messerscharf.

5. Rollt eine kleine Menge Ton zu drei Schlangen, die dann die Blätter der Karotte werden (Abbildung 5).

6. Mit dem Werkzeug zum Aufrauen kratzt Ihr jetzt über das dickere Ende der Karotte, um das Loch herum, und raut dann auch die unteren Enden der Blätter auf. Taucht das Werkzeug zwischendurch in Wasser, damit die in den Ton gekratzten kleinen Rillen nass und weich werden (siehe Abbildung 6).

7. Befestigt die Blätter an den aufgerauten Stellen am oberen Ende der Karotte (siehe Abbildung 7).

8. Streicht die Ansätze glatt, damit die Teile auch gut aneinander halten.

9. Lasst alles so lange trocknen, bis sich der Ton nicht mehr kühl anfühlt. Malt Eure Karotte mit der Unterglasur an und lasst sie brennen. Wenn Ihr wollt, könnt Ihr sie dann auch noch mit transparenter Glasur versehen und ein zweites Mal brennen lassen (siehe S. 23)

Abbildung 2: *Höhlt das andere Ende aus.*

Abbildung 3: *Streicht die Oberfläche der Karotte glatt.*

Abbildung 4: *Kerbt die Oberfläche ein.*

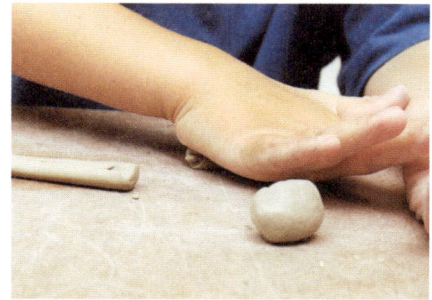

Abbildung 5: *Modelliert die Blätter.*

Abbildung 6: *Raut die Kontaktpunkte auf.*

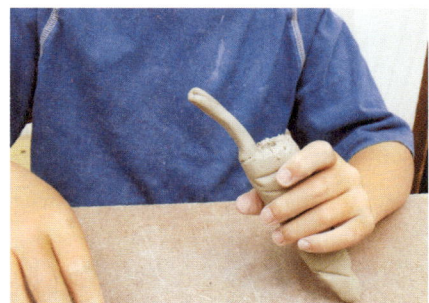

Abbildung 7: *Befestigt die Blätter.*

34 Röhren konstruktion

- Verschiedene Papprollen
- Transparenter Klebstoff in kleinen Behältern, sodass man die Rollen hineintunken kann
- Transparenter Klebstoff in einer Plastikflasche
- Passepartoutkarton als Grundplatte
- Acrylfarben
- Schere

Tipp

Das Projekt macht auch den Kleinsten große Freude, Sie brauchen nur ein ganz klein wenig beim Kleben zu helfen.

Weiterführung

- Natürlich kann man auch andere Pappbehälter verwenden: kleine Schachteln, Kartons oder Cornflakes-Verpackungen. Auch damit lassen sich interessante Plastiken schaffen.
- Es darf auch ruhig etwas Größeres sein! Auf einer großen Pappe als Grundplatte kann man auch eine Skulptur aus großen Schachteln und Kartons bauen.

Idee und Planung: Zuerst arrangiert man ein paar der Papprollen auf der Grundplatte, um ein Gefühl für ihre Größe und Höhe zu bekommen. Wenn Rollen gekürzt werden müssen, ist dies der geeignete Zeitpunkt. Jetzt sollte man sich überlegen, wie das Kunstwerk aussehen soll, während der Arbeit können aber immer noch Veränderungen vorgenommen werden.

Es kann losgehen!

1. Arrangiert die Papprollen auf der Grundfläche ganz nach Euren Vorstellungen (siehe Abbildung 1).

2. Taucht das untere Ende der ersten Rolle in den Klebstoff (siehe Abbildung 2).

Es kann weitergehen!

Abbildung 1: Arrangiert die Papprollen.

Abbildung 2: Taucht das untere Ende der Rolle in den Klebstoff.

3. Fügt weitere Rollen hinzu, die Ihr zuerst in den Kleber taucht und dann auf der Grundplatte befestigt (siehe Abbildung 3).

4. Wenn alle Rollen an Ort und Stelle sind, müsst Ihr vielleicht an manchen Rändern noch einmal mit Klebstoff nacharbeiten (siehe Abbildung 4). Lasst alles über Nacht trocknen.

5. Sucht ein oder zwei Farben aus, mit denen Ihr Eure Skulptur anmalen wollt (siehe Abbildung 5).

6. Wenn alles trocken ist, kann man das Kunstwerk an die Wand hängen oder auf einem Tisch ausstellen.

Abbildung 3: Kreiert Eure Skulptur.

Abbildung 4: Arbeitet noch einmal mit Kleber nach.

Abbildung 5: Bemalt Eure Skulptur.

Künstlerporträt: Megan Bogonovich

„Ich freue mich immer über eine Geschichte, und es gibt so viele davon mit unterschiedlichster Handlung: Romane, Zeitungen, Podcasts, Liebesromanzen, Geschichte, Familiendramen, politische Eskapaden und Klatsch. All diese Geschichten erwecken Personen und Kostüme zum Leben und gewähren Einblick in ihre Umgebung. Sie interagieren und sie wiederholen sich. Erwachsenwerden und sich Verlieben sind immer wiederkehrende Themen. Es sind Pop-Songs drüber geschrieben worden, aber man kann sie auch mit zierlichen Porzellanfiguren festhalten." Mehr über Megan Bogonovich auf ihrer Website www.meganbogonovich.com.

Collage aus Porzellanfiguren von Megan Bogonovich

35 Masken

- Passepartoutkarton als Rückseite
- Aluminiumfolie
- Bleistift
- Transparenter Klebstoff
- Farbiges Klebeband
- Lackmarker

optional:

- Federn, Perlen, Wolle, Schnur

Idee und Planung: Masken spielen in allen Kulturen der Welt eine wichtige Rolle. Als Grundform für die hier gezeigten Masken dient ein Abdruck des eigenen Gesichts, der sich dann ganz nach Geschmack weitergestalten lässt. Die fertige Maske ist ein dekoratives Kunstwerk für die Wand, zum Tragen ist sie nicht geeignet.

Tipp

Kleine Kinder mögen es vielleicht nicht, wenn sie einen Folienabdruck von ihrem Gesicht machen sollen. Geben Sie ihnen eine Schüssel oder eine große Puppe, um die Grundform für die Maske herzustellen.

Weiterführung

Wie wäre es mit einer Maske von Deiner liebsten Comicfigur?

Es kann losgehen!

Abbildung 1: *Macht mit Alufolie einen Abdruck von Eurem Gesicht.*

1. Reißt ein Stück Alufolie ab, das größer ist als Euer Gesicht. Legt die Folie auf Euer Gesicht und drückt sie an (siehe Abbildung 1).
2. Legt die Maskengrundform auf den Karton und schneidet die Kanten zurecht (siehe Abbildung 2).
3. Legt eine Hand unter die Maske und stecht dann die Löcher für die Augen und den Mund in die Folie (siehe Abbildung 3).
4. Arbeitet mit buntem Klebeband und Lackmarkern den Gesichtsausdruck heraus (siehe Abbildung 4).
5. Tragt am hinteren Rand Klebstoff auf und klebt die Maske auf den Karton. Lasst alles gut trocknen. Das Kunstwerk ist fertig und kann jetzt aufgehängt werden!

Abbildung 2: *Schneidet die Kanten zurecht.*

Abbildung 3: *Stecht Löcher für die Augen und den Mund in die Folie.*

Abbildung 4: *Malt die Maske an.*

Künstlerische Inspiration: Masken aus aller Welt

Diese Tanzmasken aus Bali werden bei Tanzritualen in Indonesien getragen. Es gibt viele Bücher, Websites und Filme über Masken. Sie werden bei Ritualen, Umzügen, traditionellen Festen, beim Tanz, im Theater und zu vielen anderen Gelegenheiten getragen. Schaut Euch möglichst viele Masken an, und gestaltet dann weitere nach Euren eignen Vorstellungen.

Balinesische Tanzmasken

36 Papiervasen

- Weißes Mehl
- Wasser
- Schüssel
- Zeitungspapier, in Streifen oder kleine Fetzen gerissen
- Malerkrepp
- Farbiges Seidenpapier
- Sand

optional:

- Acrylversiegelung und Acrylfarbe

Idee und Planung: Diese Vase ist rein dekorativ und für Papier- oder Seidenblumen gedacht, sie darf nicht mit Wasser gefüllt werden! Natürlich kann man auch Trockenblumen oder einen schönen Zweig aus dem Garten hineinstellen. Überlegt Euch schon jetzt, wie man diese schlichte, elegante Form verzieren kann.

Tipp: Jüngeren Kindern fällt es sicher leichter, eine solche Vase aus kleineren Plastikbechern herzustellen.

Weiterführung

- Mit zwei Plastikbechern mehr lässt sich auch eine größere Vase herstellen.
- Man kann die Vase auch mit Acrylfarben bemalen, anstatt sie mit Seidenpapier zu bekleben. Greift erst zum Pinsel, wenn das Papiermachee völlig trocken ist.

Es kann losgehen!

Abbildung 1: *Klebt den dritten Becher mit Malerkrepp fest.*

Abbildung 2: *Fangt an, die Form mit Papiermachee zu bedecken.*

1. Zuallererst füllt Ihr Sand in den untersten Becher. Klebt den zweiten Becher verkehrt herum mit Malerkrepp an den ersten. Anschließend klebt Ihr den Boden des dritten Bechers sorgfältig an den Boden des zweiten (siehe Abbildung 1).

2. Verrührt Mehl mit Wasser für den Kleister (siehe S. 25). Zieht die Papierstreifen und -fetzchen einzeln durch den Kleister (siehe Abbildung 2). Klebt sie auf den unteren Teil der Vase und streicht sie glatt.

3. Beklebt die Vase so lange mit dem Zeitungspapier, bis Ihr am oberen Rand angekommen seid (siehe Abbildung 3). Beklebt dann auch die Innenseite.

Abbildung 3: *Klebt die letzte Schicht Papiermachee auf.*

Abbildung 4: *Klebt das farbige Seidenpapier auf.*

4. Klebt noch zwei weitere Schichten für das Papiermachee auf die Becher.

5. Solange die letzte Schicht noch nass ist, klebt Ihr das Seidenpapier auf. Wenig Kleister genügt (siehe Abbildung 4).

6. Klebt weiter kleine Stücke Seidenpapier auf, bis die ganze Vase bedeckt ist.

Künstlerische Inspiration: Polychromes Gefäß aus der Inka-Zeit

Die Inkas haben dieses Gefäß irgendwann zwischen 1471 und 1493 hergestellt. Aus der Inka-Zeit sind solche Gefäße, Vasen, Behälter und viele andere Kunstwerke gefunden worden. Das hier gezeigte Gefäß hat eine besonders schöne Form und befindet sich in der Sammlung des Children's Museum von Indianapolis.

Gefäß der Inkas

Lasst alles gut trocknen. Wenn Ihr kräftigere Farben haben wollt, könnt Ihr noch Wasserfarben auf dem Seidenpapier auftragen. Zum Schluss verseht Ihr Eure Vase noch mit einer Schicht Acrylversiegelung.

37 Königskronen

Material

- Schweres weißes Papier, 30 cm x 61 cm
- Ölkreiden
- Wasserfarben
- Pinsel für Wasserfarben
- Wasser zum Pinselauswaschen
- Zeitungspapier
- Glitter
- Transparenter Klebstoff
- Flache Schachtel

Tipp

Schon ganz kleine Kinder lieben solche Kronen. Sicher brauchen sie Hilfe beim Ausschneiden, aber es ist gleichzeitig ein gute Gelegenheit, den Umgang mit der Schere zu üben.

Weiterführung

Eine Krone für einen besonderen Anlass zu basteln ist immer eine gute Idee – für einen Geburtstag, einen Feiertag oder vielleicht um jemanden aufzuheitern, der krank ist.

Idee und Planung: Möchte nicht jeder einmal im Leben König oder Königin sein –oder zumindest Prinz oder Prinzessin? Wie wäre es also mit einer eigenen Krone? Es gibt in den verschiedenen Ländern ganz unterschiedliche Arten von Kronen. Bei einem Besuch der Stadtbücherei oder beim Recherchieren im Internet findet man jede Menge Anregungen. Zuerst muss man sich überlegen, welche Farben man verwenden möchte und was für Zacken die Krone haben soll. Es könnte hilfreich sein, die persönliche Krone zuerst zu skizzieren und dann mit der eigentlichen Arbeit zu beginnen.

1. Zeichnet die Zacken am oberen langen Ende des Papiers an.
2. Schneidet die Zacken entlang der Linien aus oder lasst Euch von einem Erwachsenen dabei helfen (siehe Abbildung 1).

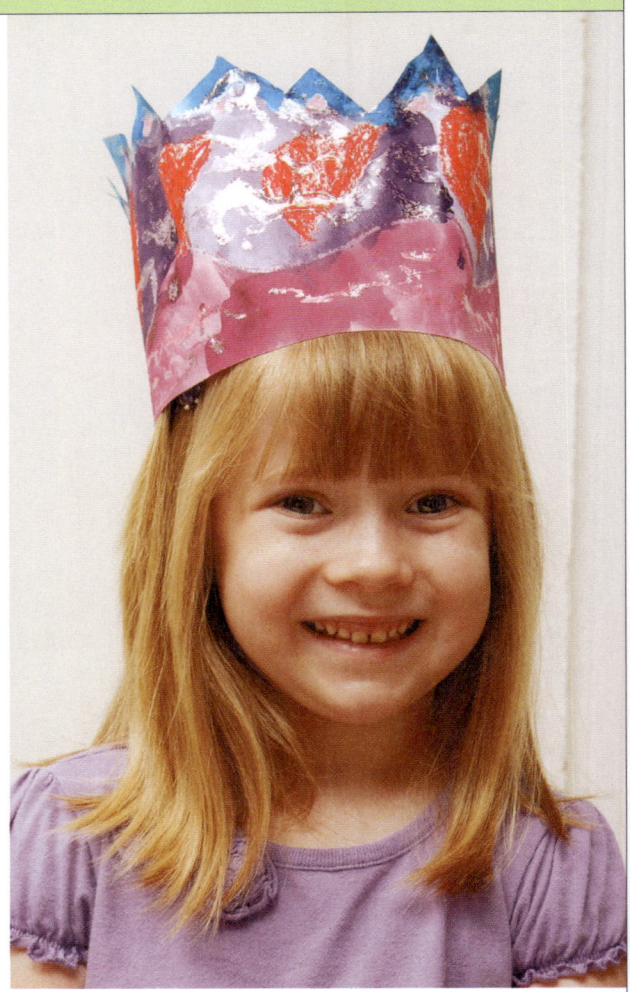

Es kann losgehen!

Abbildung 1: *Schneidet die Zacken entlang der Linie aus.*

Abbildung 2: *Malt Verzierungen mit Ölkreiden auf.*

Abbildung 3: *Arbeitet mit Wasserfarben weiter.*

Abbildung 4: *Zeichnet mit dem Klebstoff.*

Abbildung 5: *Streut den Glitter darüber.*

3. Malt mit Ölkreiden Verzierungen, zum Beispiel Edelsteine, auf die Krone (siehe Abbildung 2). Vergesst nicht, dass Ihr auch noch die Wasserfarben und den Glitter verwenden wollt.

4. Malt das Papier mit Wasserfarben da an, wo noch weiße Flächen sind (siehe Abbildung 3). Macht den Pinsel recht nass, damit der Farbauftrag gleichmäßig wird. Lasst die Farbe trocknen.

5. Zeichnet mit dem transparenten Klebstoff dort Linien oder Muster auf das Papier, wo der Glitter haften soll (siehe Abbildung 4). .

6. Legt Eure Krone in die flache Schachtel, damit sich der Glitter nicht im ganzen Zimmer verteilt, und streut dann vorsichtig den Glitter auf den Klebstoff (siehe Abbildung 5).

7. Lasst den Klebstoff vollständig trocknen. Legt die Krone um den Kopf und wenn sie gut sitzt, klebt Ihr die Kanten mit Klebeband zusammen. Königliche Hoheit, die Welt liegt Ihnen zu Füßen!

Künstlerische Inspiration: Die Krone von König Christian IV. von Dänemark

Die Krone von König Christian IV. von Dänemark, befindet sich zur Zeit auf Schloss Rosenborg in Kopenhagen. Sie ist eine von vielen Kronen, über die man Material in der Bücherei oder im Internet findet. Kronen werden von einem König oder einer Königin getragen und sind ein Symbol für die Regierungsform der Monarchie. Natürlich sind sie auch wunderschöne Schmuckstücke. Welche ist die Allerschönste?

Krone von König Christian IV. von Dänemark

38 Mobiles aus Karton

- 3 Stücke Passepartoutkarton in abgestufter Größe
- Ölkreiden
- Wasserfarben
- Dünner Draht, dünne Schnur oder schmales Band
- Zeitungspapier
- Locher
- Wasser zum Pinselauswaschen

Tipp

Kleine Kinder möchten vielleicht einfach drauflos kritzeln – auch daraus wird ein schönes Mobile.

Künstlerische Inspiration: Alexander Calder

Alexander Calder war der Vater der Drahtskulpturen und Mobiles. Seine Mobiles sind auf der ganzen Welt berühmt. Mehr Informationen über Alexander Calder findet man unter www.calder.org.

Idee und Planung: Für dieses Projekt kann man unterschiedliche Motive wählen. Hier haben wir eine Landschaft ausgesucht: Auf je einem der drei Kärtchen werden Land, Wasser und Himmel gezeigt. Auch abstrakte Motive, bei denen man nach Herzenslust kritzeln kann, eignen sich gut. Ebenso Porträts, das Gesicht aufgeteilt in Auge, Nase, Mund, oder Bilder von Personen, zerlegt in Kopf, Torso und Beine. Auch Stillleben bieten unendlich viele Möglichkeiten. Entscheidet Euch für ein erstes Motiv – und lasst viele andere folgen!

Anmerkung: Die Löcher am oberen und unteren Rand der Kärtchen werden am besten von einem Erwachsenen gemacht. Man kann einen normalen Bürolocher verwenden und nur ein Loch damit machen (siehe Abbildung 1). Ein Locheisen ist schwieriger zu handhaben.

Es kann losgehen!

Abbildung 1: *Benutzt einen normalen Bürolocher.*

Abbildung 2: *Fangt mit dem ersten Kärtchen an.*

1. Fangt mit den Ölkreiden an und malt den Himmel auf das kleinste oder auf das größte Kärtchen (siehe Abbildung 2). Überlegt Euch, wie das Wetter ist: wolkig, regnerisch oder sonnig?

2. Dreht das Kärtchen herum und malt denselben oder einen anderen Himmel auf die Rückseite.

3. Macht dasselbe mit dem zweiten und dem dritten Kärtchen (siehe Abbildung 3).

4. Wenn Ihr jeweils beide Seiten mit den Ölkreiden bemalt habt, könnt Ihr mit

Abbildung 3: *Bemalt die anderen Kärtchen.*

den Wasserfarben weiterarbeiten. Malt über die Ölkreide und füllt die weißen Stellen aus (siehe Abbildung 4).

5. Wenn die eine Seite trocken ist, dreht Ihr die Kärtchen herum und bemalt die Rückseite.

6. Wenn dann alles ganz trocken ist, werden die Kärtchen mit Draht, Schnur oder Band aneinandergebunden. Man kann die Materialien auch kombinieren. Jetzt müsst Ihr das Mobile nur noch an einem Ort aufhängen, wo es alle bewundern können!

Abbildung 4: *Malt mit den Wasserfarben weiter.*

Weiterführung

• Auf diese Weise ließe sich auch ein Familienstammbaum anfertigen. Im obersten Kärtchen sind die Großeltern, dann kommen die Eltern und im untersten Kärtchen die Kinder.

• Wie wäre es, wenn man mehr als drei Kärtchen für das Mobile verwenden würde?

39 Feenhäuser

Material

- Niedrig sinternder Ton
- Unter- und transparente Glasur, die bei niedrigen Temperaturen gebrannt werden kann
- Werkzeug zum Texturieren des Tons
- Modelliermesser oder Plastikmesser
- Harfaserplatte oder Segeltuch als Arbeitsfläche
- Pinsel und Bleistift

Künstlerporträt: Jane Kaufmann

Jane Kaufmann ist eine beliebte und angesehene Keramikkünstlerin aus Durham, New Hampshire. Über ihre Arbeit sagt sie: „Ich halte es für die Pflicht eines Künstlers, sich mit dem auseinanderzusetzen, was in der Welt geschieht. Er sollte dies so tun, dass jeder sein Werk verstehen kann. Ich bin fest davon überzeugt, dass Künstler dazu beitragen können, die Welt zu retten."

Dorfkugel von Jane Kaufman

Idee und Planung: Diese kleinen Häuser sollen bei gutem Wetter an einem besonders schönen Plätzchen im Freien aufgestellt werden – unter einem Baum, unter dem Vordach, im Garten oder auf der Veranda. Sie sind liebevoll von Hand gefertigt, damit die Fee genau weiß, dass man sich hier um ihr Wohlergehen kümmert. Die Häuser sind winzig, gerade groß genug für einen Bewohner. Man sollte vor dem Modellieren überlegen, welche Farbe und Textur das Häuschen bekommen. Die Häuschen eignen sich auch für Kröten. Sie sind dann etwas größer und dienen den nützlichen Amphibien im Winter als Unterschlupf.

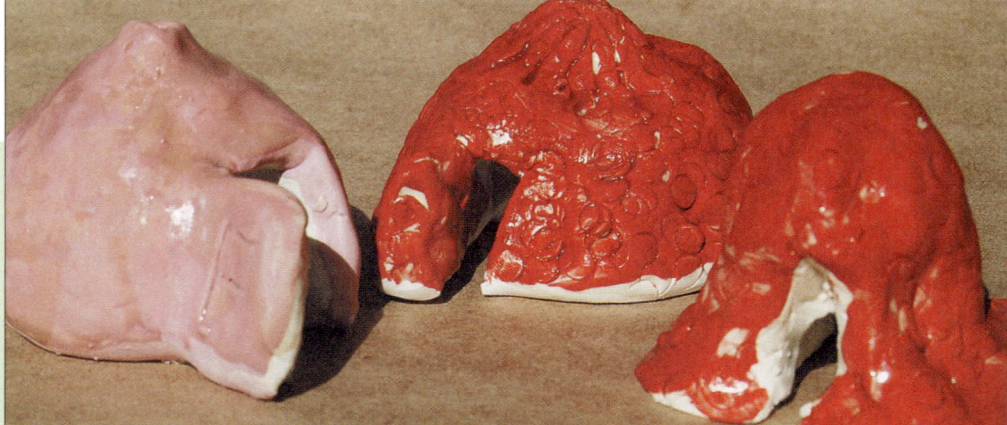

Es kann losgehen!

Abbildung 1: *Macht ein Loch in den Ton.*

1. Nehmt einen kleinen Tonklumpen, der genau in Eure Handfläche passt. Wenn der Ton schon einmal benutzt wurde, walkt Ihr ihn gut durch (siehe Seite 23), damit eventuelle Luftbläschen entfernt werden. Rollt den Klumpen zu einer Kugel.

2. Haltet den Tonklumpen in der Hand, die Ihr nicht zum Malen benutzt. Drückt jetzt den Daumen der anderen Hand fest in den Ton, bis Ihr fast auf der anderen Seite seid. Vorsicht, es darf kein Loch entstehen (siehe Abbildung 1)!

Es kann weitergehen!

3. Behaltet den Daumen in der Kugel und drückt die Öffnung weiter auf. Lasst Euch Zeit und macht nur ganz kleine Bewegungen zwischen dem Daumen und den zwei oder drei Fingern, mit denen Ihr die Kugel haltet (siehe Abbildung 2).

4. Modelliert weiter und dreht den Klumpen in einer Spiralbewegung nach oben (siehe Abbildung 3). Die Öffnung sollte so lange wie möglich nicht viel größer als Euer Daumen sein.

5. Wenn Ihr Euch bis zum oberen Ende der Kugel vorgearbeitet habt, zieht Ihr den Daumen heraus und drückt die Öffnung so weit auseinander, wie die Grundfläche des Häuschens groß werden soll (siehe Abbildung 4).

6. Wenn das Haus so groß ist, wie Ihr es haben wollt, stellt es auf den Tisch und schneidet mit dem Messer eine Tür aus. Ihr könnt die Tür erst mit einem Bleistift anzeichnen. Wenn die Tür offenstehen soll, dürft Ihr sie nicht an allen drei Seiten ausschneiden (siehe Abbildung 5).

7. Jetzt könnt Ihr mit dem Bleistift Texturen in die Oberfläche ritzen (siehe Abbildung 6). Die kleinen Krümel, die dabei entstehen, müssen entfernt werden.

8. Lasst das Häuschen so lange trocknen, bis es sich nicht mehr kühl anfühlt. Tragt die Unterglasur auf und lasst es brennen (siehe Abbildung 7).

9. Wenn Ihr möchtet, könnt Ihr es auch noch mit transparenter Glasur versehen und ein zweites Mal brennen.

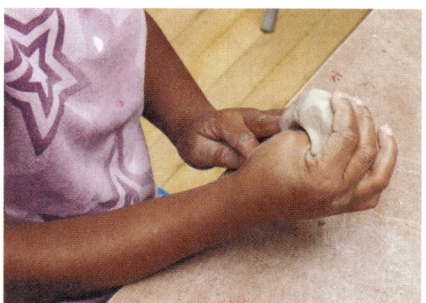

Abbildung 2: Drückt die Öffnung weiter auf.

Abbildung 3: Dreht den Klumpen zu einer Spirale.

Abbildung 4: Zieht die Öffnung unten auseinander.

Abbildung 5: Schneidet eine Tür heraus.

Abbildung 6: Arbeitet die Details heraus.

Abbildung 7: Tragt die Unterglasur auf.

Eine eigene Piñata

Material

- Zeitungspapier
- Mischung aus Mehl und Wasser (siehe Seite 25)
- Kleiner Luftballon
- Leerer Plastikbecher mit 1 Liter Fassungsvermögen
- Malerkrepp
- Tempera- oder Acrylfarben
- Farbiges Papier oder Kreppband
- Klebstoff
- Glitter

Weiterführung

Klebt anspruchsvolle Formen auf Bälle, Tüten oder Rollen.

Idee und Planung: In diesem Projekt wird ein Spielzeug hergestellt, das man entweder kaputtmachen oder als Dekoration verwenden kann. Piñatas gibt es vor allem in Mexiko und dort schon seit vielen hundert Jahren. Sie sind mit Süßigkeiten und kleinen Überraschungen gefüllt und werden bei Kindergeburtstagen oder an bestimmten Festtagen an einem Seil aufgehängt. Einem Kind werden die Augen verbunden. Es muss die Piñata treffen und zerschlagen, damit die Süßigkeiten herausfallen. Trifft es nicht, kommt das nächste Kind an die Reihe. Unsere Piñata wird recht klein, weil sie ja nur für ein Kind gedacht ist, und soll vor allem dekorativ sein. Vor dem Basteln sollte man sich Gedanken über die Farben und Verzierungen machen.

Tipp: Dieses Projekt ist etwas für alle, die gerne mit Kleister arbeiten. Denken Sie daran, dass kleinere Kinder hierbei Ihre Unterstützung brauchen.

Künstlerische Inspiration: Piñatas aus aller Welt

Die Piñata hat in vielen verschiedenen Ländern Tradition als Spielzeug oder als Spiel. In Mexiko gibt es sogar eine Statue von einem Mönch, der mit einem Stock nach einer Piñata schlägt. In der Bücherei oder im Internet findet man weitere Informationen zur Piñata.

Piñata in Form eines neunzackigen Sterns

Es kann losgehen!

Abbildung 1: Klebt den Luftballon mit Malerkrepp an den Plastikbecher.

Abbildung 2: Streift den überschüssigen Kleister ab.

Abbildung 4: Lasst den Ballon platzen.

Abbildung 3: Streicht die Papierstreifen gut fest.

Abbildung 5: Schneidet die Öffnung zurecht.

1. Blast den Luftballon auf und klebt ihn mit Malerkrepp an den Plastikbecher (siehe Abbildung 1). Reißt das Zeitungspapier in Streifen, die nicht größer als 5 cm x 10 cm sein sollten.

2. Taucht die Streifen in die Mehl-Wasser-Mischung und streift den überschüssigen Kleister mit zwei Fingern ab (siehe Abbildung 2).

3. Streicht die Streifen auf dem Ballon glatt. Bedeckt den ganzen Luftballon mit zwei Schichten Papier (siehe Abbildung 3). Lasst ihn gut trocknen.

4. Lasst den Ballon platzen (Abbildung 4) und zieht ihn heraus. Bleibt er hängen, kann man das Papiermachee etwas weiter aufschneiden.

5. Schneidet die Öffnung auf die gewünschte Größe zurecht (siehe Abbildung 5). Hier hat sich der Künstler für eine relativ große

Öffnung entschieden, weil die Piñata als Behälter für Süßigkeiten dienen soll. Gestaltet in Euren erwünschten Farben und Mustern. Innen bemalt sieht sie auch schön aus.

6. Schneidet buntes Papier in Streifen oder nehmt fertiges Kreppband für die Flatterbänder. Klebt sie unten mit transparentem Klebstoff (siehe Abbildung 6).

7. Stecht an der Öffnung drei Löcher durch, die Ihr die Schnur zum Aufhängen ziehen könnt.

Abbildung 6: Ergänzt die bunten Bänder.

41 Minifiguren aus Papiermaché

Material

- Zeitungspapier
- Mischung aus Mehl und Wasser (siehe Seite 25)
- Weiße Küchentücher
- Farbiges Seidenpapier
- Wachspapier

Weiterführung
- Man könnte einen ganzen Zoo von kleinen Tierchen modellieren.
- Aus mehreren Fischen kann man wunderbar ein Mobile machen.

Idee und Planung: Aus Papiermachee kann man ganz große und sehr kleine Skulpturen machen. Hier wird ein winziger Fisch entstehen. Natürlich sind der Fantasie beim Basteln keine Grenzen gesetzt, aber Tiere sind für den Anfang immer gut geeignet. Diese Art von Skulpturen gelingt am besten, wenn sie keine besonders langen Teile haben, oder Teile, die am Hauptteil hängen. Die Form sollte ganz einfach sein, dann macht es am meisten Spaß. Was soll es also werden?

Tipp: Das Projekt eignet sich sehr gut auch für kleine Kinder, weil sie einfache Objekte direkt in der Hand modellieren können.

Es kann losgehen!

Abbildung 1: *Drückt überschüssigen Kleister aus dem Küchentuch.*

Abbildung 2: *Modelliert den Fisch.*

Abbildung 3: *Fügt ein weiteres Küchentuch hinzu.*

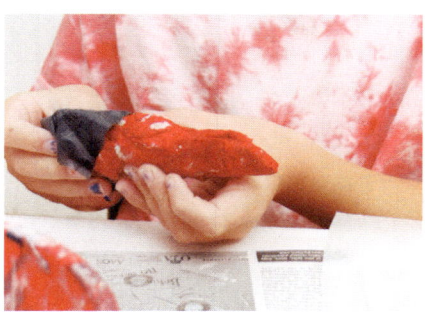

Abbildung 4: *Mit Seidenpapier bekommt Euer Fisch jetzt Farbe.*

1. Rührt den Kleister für das Papiermachee aus Mehl und Wasser an.

2. Tunkt das Küchentuch in den Kleister. Knüllt es über der Schüssel fest zusammen, um den überschüssigen Kleister zu entfernen (siehe Abbildung 1).

3. Modelliert das Tuch mit den Händen zu der Form, die Ihr Euch ausgesucht habt (siehe Abbildung 1).

4. Verarbeitet ein zweites Küchentuch auf dieselbe Weise. Die Masse muss sehr nass und fest zusammengedrückt sein (siehe Abbildung 3)

5. Modelliert mit weiteren Küchentüchern so weiter, bis Ihr mit Eurer Skulptur zufrieden seid.

6. Ergänzt eine Schicht kleiner Fetzen Seidenpapier auf der nassen Skulptur, um ihr Farbe zu geben. Der nasse Kleister hält das Seidenpapier an seinem Platz (siehe Abbildung 4).

7. Lasst Euer Werk gut trocknen und hängt es dann an einer Schnur auf oder klebt es auf eine Unterlage.

Künstlerporträt: Carol Roll

Carol Roll ist eine Künstlerin aus Florida, die skurrile Folk-Art aus Papiermachee macht. Die hier abgebildete Skulptur mit dem Titel Schmollmund hat einen Kopf aus Papiermachee mit zarten Gesichtszügen. Weitere Werke von Carol Roll findet man auf ihrer Website www.nostagicfolkart.com.

Schmollmund von Carol Roll

Misch-techniken

KLEINE KINDER LIEBEN ES, mit unterschiedlichen Materialen zu arbeiten. Hierzu wird eine Schicht über die andere gelegt, zu den verwendeten Materialien gehören Klebstoff, Stoff, Sand, Salz und vieles, was einfach nur reines Vergnügen für ein Kleinkind bedeutet. Die Herausforderung für den Erwachsenen besteht darin, ein Projekt so zu entwickeln, dass das Kind nicht überfordert wird. Es empfiehlt sich, immer nur ein Material nach dem anderen anzubieten (nicht alles gleichzeitig), damit die Freude an der Arbeit erhalten bleibt. Man kann einmal mit Klebstoff und Papier beginnen, ein anderes Mal sind Ölkreide und Bleistift zuerst an der Reihe. Diese Projekte können beliebig oft wiederholt werden und das Ergebnis wird immer anders ausfallen. Es genügt schon, eine andere Papierfarbe oder ein neues Motiv zu wählen, um dem Projekt eine andere kreative Note zu verleihen. Viel Spaß beim Experimentieren!

42 Stoffcollage

- Kleines Holzbrett
- Lackmarker
- Stoffreste, in kleine Stücke geschnitten
- Transparenter Klebstoff
- Pinsel zum Auftragen des Klebstoffs
- Plexiglasplatte

Tipp

Für kleine Kinder muss alles fertig bereitstehen, damit sie nach Herzenslust aussuchen, arrangieren und kleben können.

Weiterführung

Man könnte sich bei einem Bild doch einmal von einem Quilt von Jan Burgwinkle oder Gee's Bend Quilts inspirieren lassen. Im Internet findet man mehr Infos zu Gee's Bend Quilts.

Idee und Planung: Collagen sind Kunstwerke aus Papier oder wie hier aus Stoff. Ein Motiv mit Stoff darzustellen, ist eine recht anspruchsvolle Aufgabe. Wenn Ihr mit einer Schere arbeiten möchtet, könnt Ihr die kleineren Stoffstücke schon zu den Formen zurechtschneiden, die ihr benötigt. Kleinere Kinder brauchen die Hilfe eines Erwachsenen. Es macht auch Spaß, wenn man versucht, etwas bereits vorgeschnittenen Teilen zu gestalten. Das Schönste bei dieser Arbeit ist jedoch die Zusammenstellung von gemustertem, flauschigem, dünnem oder dickem Stoff zu einem echten Kunstwerk.

Künstlerporträt: Jan Burgwinkle

Jan Burgwinkle hat schon mit zehn Jahren angefangen zu nähen und seitdem nicht aufgehört, mit Stoffen zu spielen und zu arbeiten. Sie war Kindergärtnerin, hat in der Oberstufe Kunst unterrichtet und macht seit über dreißig Jahren Quilts. Die Verwendung unerwarteter Farben und ihre Kombination mit ungewöhnlichen Mustern sind das, was ihr beim Design ihrer Quilts am meisten Spaß macht. Mehr darüber online unter bemused.typepad.com.

Flickentasche von Jan Burgwinkle

Es kann losgehen!

Abbildung 1: *Stellt die Stoffstückchen zusammen.*

1. Bewundert zuallererst einmal Euren Stoffvorrat. Wir haben die Stoffe in gemusterte und ungemusterte sortiert.

2. Stellt die Stoffstückchen auf dem Holzbrett ganz nach Eurem Geschmack zusammen (siehe Abbildung 1).

3. Legt den Stoff auf die Plexiglasscheibe und bestreicht die Rückseite mit Klebstoff (siehe Abbildung 2). Der Kleber muss bis ganz an den Rand aufgetragen werden.

4. Legt den Stoff mit der rechten Seite nach oben auf das Brett und drückt ihn mit den Fingerspitzen fest an (Abbildung 3).

5. Macht so weiter, bis der ganze Stoff aufgeklebt ist (siehe Abbildung 4).

6. Wenn Ihr möchtet, könnt Ihr die Collage vervollständigen und die Stellen, an denen das Holz noch zu sehen ist, mit dem Lackmarker einfärben (siehe Abbildung 5).

Abbildung 2: *Bestreicht den Stoff mit Kleber.*

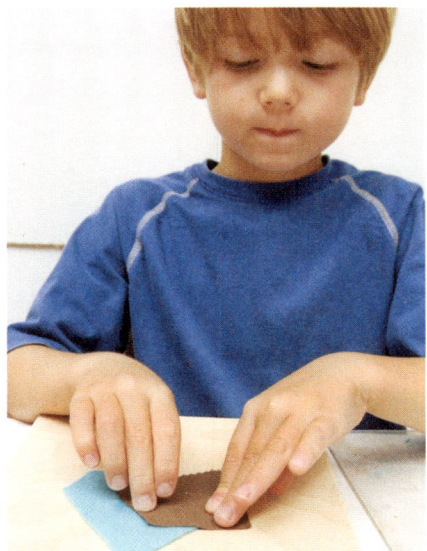

Abbildung 3: *Drückt den Stoff fest an.*

Abbildung 4: *Fügt weitere Stofffetzchen hinzu.*

Abbildung 5: *Vollendet Euer Werk mit dem Lackmarker.*

43 Stickkarten

- Kleines quadratisches Stück Zeichenkarton
- Wachsmalstifte oder Ölkreiden
- Bürolocher oder Papierbohrer
- Wolle oder Garn
- Klebeband

Idee und Planung: Stick- oder Nähkarten selbst anzufertigen, macht mindesten so viel Spaß wie damit zu spielen. Die meisten Locher kann man nur nah am Blattrand verwenden. Mit einem Papierbohrer, wie er von Buchbindern verwendet wird, kann man überall Löcher machen. Bei diesem Projekt sind die Löcher nah am Papierrand, sodass ein ganz normaler Locher ausreicht.

Tipp

Man kann aus jedem Bild eine Stickkarte machen. Ein Erwachsener sollte beim Lochen helfen, den Rest werden die Kinder allein schaffen.

Weiterführung

Wenn man Stickkarten laminiert, leben sie länger!

Es kann losgehen!

Abbildung 1: *Zeichnet das Motiv.*

1. Zeichnet das Motiv mit einem schwarzen Marker (siehe Abbildung 1).
2. Malt Euer Motiv mit Wachsmalstiften oder Ölkreiden bunt an (siehe Abbildung 2).
3. Stanzt dort Löcher aus, wo der Faden durchgezogen werden soll.
4. Wickelt ein wenig Klebeband um die Fadenenden, damit sie besser durch die Löcher rutschen (siehe Abbildung 3).
5. Zieht den Faden durch Eure Karte (siehe Abbildung 4).

Abbildung 2: *Malt Euer Motiv bunt an.*

Abbildung 3: *Mit dem Malerkrepp kann man die Fadenenden verstärken.*

Abbildung 4: *Zieht den Wollfaden durch die Löcher.*

Künstlerische Inspiration: Alte Stickkarten

Stick- oder Nähkarten hat es in verschiedenen Formen schon immer gegeben. Selbst heute werden sie noch als Spielzeug für Kleinkinder hergestellt. Es macht riesigen Spaß, die eignen Spielsachen selbst anzufertigen oder etwas für Geschwister oder Freunde zu basteln. Statt Wolle kann man auch Schuhbänder zum Nähen verwenden.

44 Papier collage

- Weißer Zeichenkarton
- Verschiedene farbige Papiere
- Klebestift

optional:

- Objekte für ein Stillleben als Vorlage

Idee und Planung: Papier in kleine Fetzen zu reißen ist eine schöne Beschäftigung, um sich in kreative Stimmung zu bringen. Wir fangen ganz klein an und gestalten ein einfaches Stillleben mit Früchten und/oder Blumen. Fasst die Gegenstände an und befühlt die Formen, bevor Ihr mit dem Reißen des Papiers anfangt.

Tipp

Es hat sich bewährt, für den Anfang eine Schachtel mit mittelgroßem Papier bereitzustellen, große Bögen sind mit kleinen Händen viel schwerer zu zerreißen.

Weiterführung

- Man kann auch gut gemustertes Papier für dieses Projekt benutzen. Gut geeignet sind alte Briefumschläge mit hübschem Innenfutter, Tapetenreste (oder Musterbücher) und Zeitschriften.

- Wählt ein einfaches Motiv. Man kann zum Beispiel ein Quadrat, einen Kreis oder ein Dreieck vorgeben, das von den kleinsten oder nicht ganz so mutigen Künstlern ausgefüllt wird.

Es kann losgehen!

Abbildung 1: *Zerreißt das farbige Papier.*

Abbildung 2: *Arrangiert die Papierstückchen.*

Abbildung 3: *Bestreicht das Papier mit Klebstoff.*

1. Wählt farbiges Papier für Eure Arbeit aus und fangt an, es in kleine Stücke zu reißen (siehe Abbildung 1). Jedes Fetzchen kann die Form Eures Motivs haben; Ihr könnt es aber auch aus vielen kleinen Teilen zusammensetzen.
2. Reißt noch mehr Papier in kleine Fetzchen und arrangiert diese dann auf dem Hintergrund zu einem Motiv (siehe Abbildung 2).

3. Wenn Ihr mit der Komposition der bunten Papierchen zufrieden seid, könnt Ihr anfangen, sie aufzukleben (siehe Abbildung 3). Ratschläge dazu stehen auf Seite 20.
4. Wenn alles aufgeklebt ist, schaut noch einmal nach losen Rändern und arbeitet mit dem Klebstoff nach.
5. Drückt alle Teile mit den Fingerspitzen gut an (siehe Abbildung 4).

Abbildung 4: *Drückt es mit den Fingerspitzen gut an.*

Künstlerporträt: Henri Matisse

Henri Matisse war ein französischer Künstler, der 1941 begann, Kunstwerke mit ausgeschnittenem Papier zu schaffen. Seine Bilder sind weltweit berühmt. Mehr Informationen über Henri Matisse und sein Leben unter www.henri-matisse.net.

Wildes Weben

- Kleines Stück Pappe
- Verschiedene Garne
- Auswahl an Federn, Stoffen und Borten
- Malerkrepp
- Schere

Künstlerporträt: Francine Kontos

Francine Kontos lebt in New Hampshire, sie ist Fotografin, macht Keramiken und webt. Außerdem ist sie Kunstlehrerin und gibt ihren Schülern täglich neue Anregungen.

Gewebtes Selbstporträt von Francine Kontos

Idee und Planung: Es macht Spaß, mit ganz unterschiedlichen Materialien zu weben. Man muss ja nur den Faden einmal über und einmal unter den Querfäden durchziehen. Die Dinge, die man in dem gewebten Bild verarbeiten möchte, sollten schon vor Beginn der Arbeit bereitliegen. Die Einschnitte an den Rändern der Pappe macht am besten ein Erwachsener mit einer großen Schere.

Tipp: Auch kleinere Kinder kommen mit dem Weben gut zurecht, wenn sie am Anfang etwas Unterstützung erhalten. Zeigen Sie ihnen, wie man das Garn für die Kettfäden schön festzieht und das Auf und Ab beim Durchziehen der Schussfäden ergibt sich dann fast von selbst.

Weiterführung

Man könnte ein gewebtes Bild auch der Jahreszeit entsprechend gestalten, indem man Farben und Dinge verwendet, die eine bestimmte Jahreszeit symbolisieren.

Es kann losgehen!

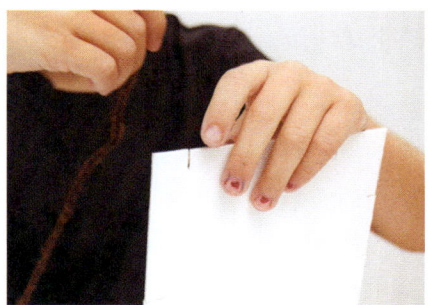

Abbildung 1: Ein Stück Pappe mit Schlitzen an den Rändern.

Abbildung 2: Fangt an, die Kettfäden zu spannen.

1. Bittet einen Erwachsenen, irgendwo am Rand der Pappe mehrere etwa 1,3 cm lange Einschnitte zu machen. So entsteht der Webrahmen (siehe Abbildung 1).

2. Sucht eine Farbe für das Garn der Kettfäden aus. Kettfäden nennt man das Garn, das in den Webrahmen gespannt wird. Schussfäden heißen die Fäden, die abwechselnd über die Kettfäden geführt und unter ihnen durchgezogen werden.

3. Klebt den Anfang des Fadens auf der Rückseite der Pappe fest und zieht den

Abbildung 3: Bespannt Euren Webrahmen weiter.

Abbildung 4: Verwahrt den Kettfaden auf der Rückseite.

Faden dann durch einen der Schlitze am Rand (siehe Abbildung 2). Es spielt keine Rolle, wo man anfängt.

4. Zieht den Faden über die Pappe zu einem Schlitz auf der anderen Seite. Führt den Faden über die Rückseite und durch einen anderen Schlitz wieder auf die Vorderseite (siehe Abbildung 3).

Abbildung 5: Führt den Faden unter und über den Kettfäden entlang.

Abbildung 6: Fügt interessante Gegenstände in Euer Werk ein.

Es gibt keine Regeln für die Reihenfolge aber der Faden muss gut gespannt sein.

5. Macht so lange weiter, bis alle Schlitze besetzt sind. Führt den Faden dann auf die Rückseite der Pappe und klebt das Ende fest (siehe Abbildung 4).

6. Fangt an, mit dem Material zu weben, das Ihr bereitgelegt habt. Führt das Material unter und über den Kettfäden entlang. Macht so lange weiter, bis Ihr mit dem Ergebnis zufrieden seid (siehe Abbildung 5).

7. Bringt so viele Dinge wie möglich in Eurem Bild unter (siehe Abbildung 6). Hier gilt endlich einmal: Je mehr, desto besser!

46

Schwarz & Weiß & Rot

- Ölkreiden in Schwarz, Weiß und Rot
- Weißes Zeichenpapier
- Papierreste in Schwarz, Weiß und Rot
- Schwarze und rote Permanentmarker
- Schere
- Bleistift

Tipp

Kleineren Kinder gibt man die verschiedenen Materialien am besten nacheinander, dann bleiben sie eher bei der Sache.

Weiterführung

Man könnte noch Garn, Bänder, Filz oder Stoff zu diesem Materialmix dazu nehmen. Der verwendete Klebstoff sollte kräftig genug sein, um auch schwerere Sachen an ihrem Platz zu halten.

Idee und Planung: Irgendwie ist es befreiend und macht richtig Spaß, sich auf nur drei Farben zu beschränken. Als Inspiration für dieses Projekt diente ein Bild der Illustratorin Penelope Dullaghan, das nur in Schwarz, Weiß und Rot ausgeführt ist. Diese Farben sind besonders kräftig und werden deshalb oft bei Illustrationen benutzt. Habt Ihr schon einmal ein Buch in der Hand gehabt, das ausschließlich in Schwarz, Weiß und Rot illustriert war? Ein Gang in die Bücherei lohnt: Ihr werdet ganz sicher etwas finden. Für dieses Projekt heißt das Thema „Gesichter". Mit einem Spiegel am Arbeitsplatz kann man gut ein Selbstporträt schaffen oder man erfindet einfach ein Gesicht, das geht natürlich auch.

Es kann losgehen!

Abbildung 1: *Zeichnet zuerst mit dem Bleistift.*

Abbildung 2: *Zieht die Linien mit dem schwarzen Marker nach.*

1. Zeichnet den Umriss des Gesichts und die Gesichtszüge mit dem Bleistift (siehe Abbildung 1).
2. Guckt Euch Eure Materialien an und entscheidet, was Ihr für jeden Teil Eures Bildes verwenden möchtet. Zieht die Linien mit dem schwarzen Marker nach, wenn sie dunkler sein sollen (siehe Abbildung 2).

Abbildung 3: *Bringt mit farbigem Papier und Markern Farbe ins Bild.*

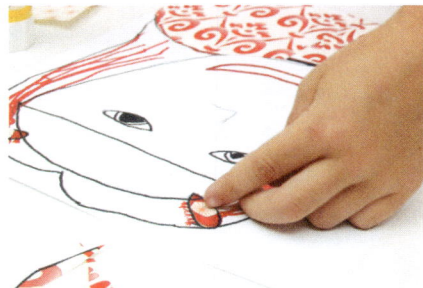

Abbildung 4: *Ergänzt die Details.*

3. Setzt Eure Materialien ein, um Farbe ins Bild zu bringen (siehe Abbildung 3).
4. Zum Schluss ergänzt Ihr noch ein paar Details (siehe Abbildung 4).

Künstlerporträt: Penelope Dullaghan

Penelope Dullaghan ist eine freiberufliche Illustratorin, die weltweit für verschiedene Auftraggeber gearbeitet hat. Sie genießt Anerkennung bei Communication Arts, Communication Arts Typography, 303 Magazine, Society of Illustrators LA, und Print Magazine. Sie ist Gründerin und Betreiberin von IllustrationFriday.com, einer Internetseite mit wöchentlich wechselnden Themen, einer virtuellen Kunstausstellung, an der sich Illustratoren und Künstler jeden Niveaus beteiligen können. Penelope Dullaghan lebt mit ihrem Mann Colin und ihrer Tochter Veda in Raleigh, North Carolina. Mehr über Penelope Dullaghan unter www.penelopedullaghan.com.

Aufgesprungene Lippen von Penelope Dullaghan

47 Tolle Tapete

- Zeichenkarton oder schweres Papier, 31 cm x 46 cm oder größer
- Pinsel für Wasserfarben
- Grüne Wasserfarbe oder Tusche
- Pipette
- Verschiedene Tapetenstücke (z. B. aus einem Musterbuch)
- Trinkhalme
- Seidenpapier in verschiedenen Farben
- Schere
- Klebstoff

Idee und Planung:

Wo man auch hinschaut, überall sieht man Muster: in der Natur, bei unserer Kleidung, der Bettwäsche, Tischdecken und Papier. Tapeten sind der Inbegriff von Mustern. Blättert doch einmal ein ausrangiertes Musterbuch für Tapeten durch und reißt die Mustertapeten heraus, die Euch am besten gefallen.

Tipp

Kleineren Kindern muss man noch einmal zeigen, wie sie mit den Trinkhalmen umgehen sollen. Einmal kurz und kräftig blasen – und das Luftholen nicht vergessen!

Weiterführung

- Man könnte auch Stoff oder Filz für die Vase verwenden – sie wirkt dann ganz anders.
- Mit dieser Technik kann man auch Grußkarten anfertigen – denn wer freut sich nicht über Blumen?

Es kann losgehen!

Abbildung 1: *Tropft die Punkte auf das Papier.*

1. Legt das Papier hochkant vor Euch auf die Arbeitsfläche. Tropft mit der Pipette grüne Tusche oder Wasserfarbe in die Mitte des Blatts (siehe Abbildung 1).

2. Haltet den Trinkhalm mit dem unteren Ende nah an die Punkte und blast so hinein, dass aus den Punkten Linien (die Stängel) werden (siehe Abbildung 2). Lasst alles trocknen.

3. Jetzt nehmt Ihr kleine Quadrate Seidenpapier und faltet sie zu Blüten (siehe Abbildung 3).

4. Verteilt Klebstoff entlang der Stängel oder setzt einen Punkt an das obere Ende des Stiels und klebt die Blüten an (siehe Abbildung 4).

5. Klebt weitere Blüten auf.

6. Legt das Tapetenstück mit der Rückseite nach oben so auf Euer Blatt, dass die Oberkante mit den Stängeln abschließt. Mit einem Bleistift zeichnet Ihr dann die Vase oder den Topf darauf, in dem Eure Blumen stehen sollen (siehe Abbildung 5).

7. Schneidet die Vase aus, tragt auf der Rückseite des Tapetenmusters Klebstoff auf und klebt die Vase auf Euer Bild. Drückt sie gut an (siehe Abbildung 6).

Abbildung 2: *Pustet in den Trinkhalm und macht aus den Punkten Stängel.*

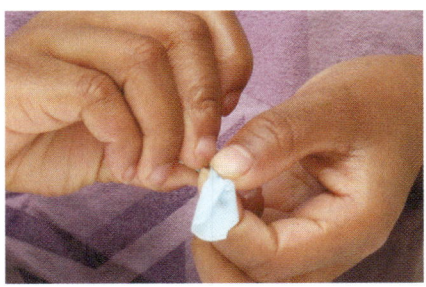

Abbildung 3: *Bastelt die Blüten.*

Abbildung 4: *Klebt die Blüten an die Stängel.*

Abbildung 5: *Zeichnet die Vase.*

Abbildung 6: *Klebt die Vase auf.*

Ölkreiden & Zeitschriften

Material

- Weißer Zeichenkarton
- Alte Zeitschriften
- Klebestift
- Schere
- Ölkreiden
- Wasserfarben
- Wasser zum Auswaschen der Pinsel
- Pinsel für Wasserfarben

Tipp

Das kleinste Kind sollte nur ein oder zwei Zeitungsausschnitte verwenden, damit die Angelegenheit nicht zu kompliziert wird.

Weiterführung

Erfindet imaginäre Menschen oder Tiere, indem Ihr den Kopf von dem einen und den Körper von einem anderen verwendet. Wenn Ihr möchtet, könnt ihr sie anschließend in eine Fantasiewelt setzen, die Ihr selbst malt.

Idee und Planung:

Wählt ein Thema aus, das zu den Bildern passt, die Euch in den Zeitschriften gefallen haben. Wir haben wegen der schönen Naturaufnahmen die Zeitschrift *National Geographic* verwendet. Reißt die Seiten heraus und stapelt sie auf der Arbeitsfläche. Habt Ihr schon eine Idee für Euer Bild? Haben die Seiten, die Ihr herausgetrennt habt, irgendetwas miteinander zu tun? Reduziert die Auswahl auf vier oder fünf Seiten, je nachdem, wie groß die Bilder sind.

Es kann losgehen!

Abbildung 1: Schneidet Bilder aus.

1. Fangt an, Eure Bilder auszuschneiden (siehe Abbildung 1).
2. Tragt Klebstoff auf der Rückseite auf (siehe Abbildung 2) und klebt sie auf den Hintergrund.
3. Mit Ölkreiden malt Ihr um diese Bilder herum, um ihnen ein neues Umfeld zu geben. Überlegt Euch, wo sie sind, was sie gerade tun, wie das Wetter ist und welche Tageszeit gerade ist (siehe Abbildung 3).
4. Nehmt Wasserfarben dazu, wenn das Bild bunter werden soll (siehe Abbildung 4).

Abbildung 2: Bestreicht die Rückseite der Bilder mit Klebstoff.

Abbildung 3: Malt an dem Bild mit Ölkreiden weiter.

Abbildung 4: Nehmt Wasserfarben dazu.

Künstlerporträt: Erik Boettcher

Erik Boettcher ist ein Mischtechniken-Künstler aus New Hampshire, der gerne altmodische Bilder aus Zeitschriften in seine Werke integriert. Mehr über Erik Boettchers Arbeiten findet man unter www.artstreamstudios.com/shop.

Anstehen für die Achterbahn von Erik Boettcher

49 Krimskrams-Collage

Material

- Alles Mögliche von der Liste auf Seite 6
- Passepartoutkarton
- Transparenter Klebstoff
- Kleine Plastikbehälter für Klebstoff (zum Hineintunken von Gegenständen)
- Bleistift oder Ölkreiden

Idee und Planung: Bei einem Blick in die Schublade mit Krimskrams, den man eigentlich nicht mehr braucht, finden sich ganz sicher interessante Dinge, die in der Kunst durchaus noch ihren Zweck erfüllen. Aus Pfeifenreinigern wird der Körper eines Schmetterlings, aus einem Korken ein Schornstein. Sicher fällt Euch noch viel mehr ein – lasst Eurer Fantasie freien Lauf!

Tipps

- Wenn man besonders schwere Gegenstände auf dem Karton befestigen möchte, braucht man einen kräftigeren Klebstoff. Achten Sie darauf, dass er ungiftig ist.
- Kleinkindern sollte man keine Kleinteile geben, die sie verschlucken könnten!

Weiterführung

Man kann eine Collage zu einem bestimmten Gegenstand machen und dabei den unterschiedlichsten Krimskrams verwenden, so wie der Künstler hier.

Es kann losgehen!

Abbildung 1: *Arrangiert die Sachen, die Ihr verwenden wollt.*

1. Sucht die Sachen heraus, die Ihr benutzen möchtet, und legt sie vor Euch auf die Arbeitsfläche. Probiert aus, wie Ihr sie arrangieren wollt (siehe Abbildung 1).

2. Wenn Ihr Euch für eine Idee entschieden habt, tunkt Ihr die Sachen in den Klebstoff und presst sie fest auf den Karton (siehe Abbildung 2).

3. Ergänzt weitere Teile Eurer Collage, bis Ihr mit dem Ergebnis zufrieden seid (siehe Abbildung 3). Lasst den Klebstoff über Nacht trocknen.

4. Jetzt könnt Ihr noch mit dem Bleistift oder Ölkreiden Details hinzufügen.

Abbildung 2: *Fangt an, sie aufzukleben.*

Abbildung 3: *Klebt die übrigen Sachen auf.*

Porträt einer angehenden Künstlerin: Chloe Larochelle

Chloe Larochelle ist eine junge vielversprechende Künstlerin aus New Hampshire. Ihre Arbeiten wurden bereits bei Ausstellungen in Galerien an der Küste von New Hampshire gezeigt. Schon als Kind hat Chloe Larochelle Collagen, Schmuck, Keramikskulpturen, Zeichnungen und Gemälde angefertigt. Vor kurzem hat sie ihr eigenes Kleid für den Abschlussball an der Schule entworfen – sie möchte am College eine Ausbildung in Modedesign machen. Die hier gezeigte Krimskrams-Collage, die Anregung zu diesem Projekt, hat Chloe im Alter von sechs Jahren gemacht. Mehr über ihre Arbeit unter www.etsy.com/shop/chlosephina.

H von Chloe Larochelle

PROJEKT 50

Astweben

Material

- Ast mit mindestens einer Astgabel
- Garn in verschiedenen Farben und unterschiedlicher Dicke
- Fundstücke aus der Natur

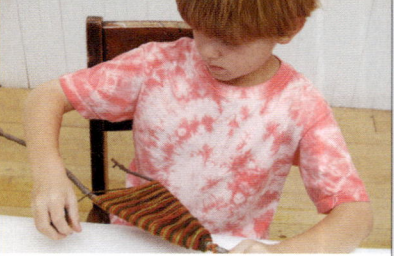

Idee und Planung: Man braucht einen trockenen Ast, der mindestens ein oder zwei Astgabeln hat. Lockere Rinde wird entfernt. Wenn noch Blätter vorhanden sind, kann man überlegen, ob man sie erhalten möchte oder nicht.

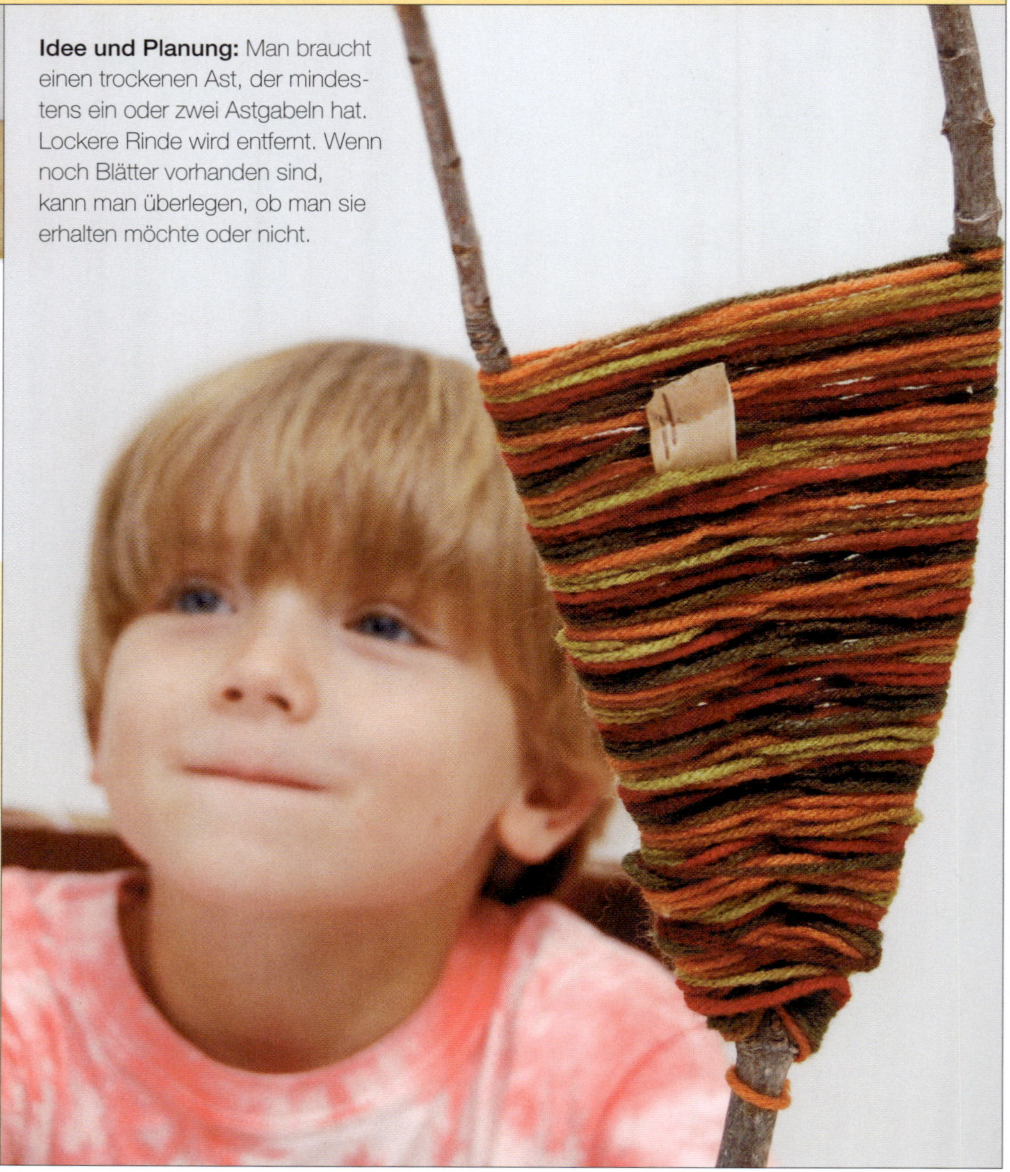

Tipp

Ein kleines Kind möchte vielleicht nur einen Zweig ohne Astgabeln umwickeln. Das ist auch ein guter Einstieg in das etwas kompliziertere Weben. Federn und andere Fundstücke aus der Natur kann man aber auch bei einem geraden Ast verarbeiten.

Weiterführung

Das gewebte Kunstwerk könnte auch als Wandschmuck dienen. Man kann mit dem Garn zusätzliche Fundstücke vom Ast herunterhängen lassen. Kleine Tannenzapfen sind sehr dekorativ!

Es kann losgehen!

Abbildung 1: Bindet den Faden an dem Ast fest.

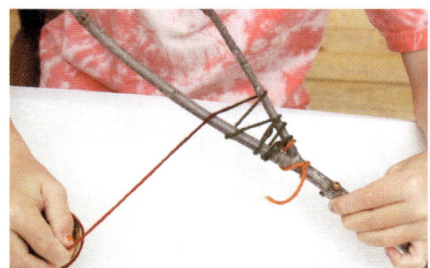

Abbildung 2: Fangt an, die Astgabel mit dem Garn zu umwickeln.

Abbildung 3: Umwickelt die Astgabel weiter.

Abbildung 4: Legt auch um kleinere Astgabeln einen Faden.

Abbildung 5: Webt die Birkenrinde mit ein.

1. Bindet zuerst den ersten farbigen Faden am unteren Ende der Astgabel fest. Wenn es nicht gleich klappt, lasst Euch von einem Erwachsenen helfen (siehe Abbildung 1)
2. Führt den Faden über einen Arm der Astgabel und unter dem anderen hindurch und dann wieder zurück (siehe Abbildung 2).
3. Macht auf diese Weise oder nach einer anderen Methode, die Euch Spaß macht, weiter (siehe Abbildung 3). Man kann nichts falsch machen!

4. Webt so lange weiter, bis der Ast so weit mit dem Garn umwickelt ist, wie Ihr es wolltet. Man kann natürlich auch andere kleinere Zweige des Asts umwickeln (siehe Abbildung 4). Wenn Ihr die Farbe wechseln wollt, knotet Ihr den neuen Faden einfach mit einem Kreuzknoten an dem ersten fest. Vielleicht kann ein Erwachsener dabei helfen.
5. Wenn Ihr fertig seid, bindet das Fadenende gut fest, damit sich Euer Werk nicht auflösen kann. Jetzt webt Ihr noch Eure Fundstücke in das Kunstwerk (siehe Abbildung 5).

Künstlerporträt: Andy Goldsworthy

Andy Goldsworthy ist ein Umweltkünstler. Er verwendet Materialien wie Eis, Tannenzapfen, Steine, Blumen und andere Dinge aus der Natur für seine Skulpturen. Über Andy Goldsworthy und seine Arbeit gibt es einen wunderbaren Film mit dem Titel *Flüsse und Gezeiten*.

Installation von Andy Goldsworthy im Yorkshire Sculpture Park, England

51 Gemälde mit Sand und Klebstoff

Material

- Zeichenkarton
- Ölkreiden
- Transparenter Klebstoff
- Sand
- Watte
- Bleistift

Tipp

Dieses Projekt macht auch kleinen Kindern viel Spaß. Versuchen Sie, den kleinen Künstlern möglichst große Stücke Ölkreide zur Verfügung zu stellen.

Weiterführung

Mischt doch einmal Sand unter Acrylfarbe und arbeitet damit. Man sollte immer nur kleine Mengen anmischen, weil die Farbe schnell austrocknet.

Idee und Planung:
Manche Künstler mischen etwas unter ihre Farben oder streuen etwas auf die Farbe, um ihrem Bild mehr Textur zu verleihen. Häufig benutzen sie dafür Sand. Bei diesem Projekt werden wir Ölkreidebilder in kräftigen Farben verwenden und die Textur dort mit Sand hervorheben, wo er in der Natur wirklich vorkommen kann. Inspiriert wurde das Projekt durch das Werk von Tim Wirth. Seine Gemälde haben oft eine ziemlich sandige Textur.

Es kann losgehen!

Abbildung 1: Fangt an zu malen.

Abbildung 2: Tragt den Klebstoff auf.

Abbildung 3: Streut den Sand darüber.

Abbildung 4: Fügt etwas Watte hinzu.

1. Ihr könnt entweder mit einer zarten Bleistiftskizze anfangen oder gleich mit den Ölkreiden malen (siehe Abbildung 1). Malt weiter mit den Ölkreiden, bis kein weißes Papier mehr zu sehen ist.

2. Überlegt Euch, wo Ihr gerne Sand verwenden möchtet. Bei dem Beispiel hier gibt es einen Strand, aber Ihr könnt auch eine Wüste, einen Waldweg, den Meeresgrund oder eine riesige Sanduhr machen. Zieht mit dem Klebstoff Linien oder legt Flächen an, auf denen der Sand haften soll (siehe Abbildung 2)

3. Nehmt eine Handvoll Sand und streut ihn vorsichtig über den Klebstoff. Nicht zu viel auf einmal (siehe Abbildung 3)!

4. Auf unserem Beispielbild gibt es einen blauen Himmel mit weißen Wölkchen. Die flauschige Textur der Wolken wurde mit Watte und Klebstoff betont (siehe Abbildung 4). Welches Material könnt ihr noch verwenden?

Künstlerporträt: Tim Wirth

Vor kurzem hat Tim Wirth über seine Arbeit gesagt: „Ich mag Dinge wie Steinhaufen, alte Autos, die in Scheunen abgestellt wurden, und Hunde, die im Straßengraben laufen. Ich sehe diese Dinge gerne, aber ich mag auch die Haltung, die dahintersteckt. Manchmal mag ich die Haltung mehr als die Bilder. Ein anderes Mal gefällt mir einfach nur das Bild." Tim Wirth ist auf einer Farm im ländlichen Iowa aufgewachsen. Er hat an der Buena Vista University in Storm Lake, Iowa, angefangen zu studieren und dann seine Ausbildung am Savannah College of Art and Design in Georgia, fortgesetzt, wo er seinen Master of Fine Arts in Malerei gemacht hat. Mehr über Tim Wirth unter www.timwirth.com.

YOU ARE MY SUNSHINE

Du bist mein Sonnenschein von Tim Wirth

- Zwei kleine Plastikbecher
- Getrocknete Bohnen oder Reis
- Malerkrepp
- Acrylfarbe
- Eierkarton aus Plastik
- Wasser zum Auswaschen der Pinsel
- Lackmarker
- Zeitungspapier
- Wachspapier

Idee und Planung: Ein Musikinstrument herzustellen macht immer Spaß. Diese Rassel ist perfekt für kleine Hände und kann als Begleitinstrument zur Lieblingsmusik eingesetzt werden. Rasseln dienen überall auf der Welt als Musikinstrumente. In der Bücherei findet man sicher etwas zu diesem Thema.

Tipp

Für ein kleines Kind müssen die Klebebandstreifen kürzer sein als für ein größeres. Kinder lieben Klebeband! Ein Erwachsener kann dabei helfen, es von der Rolle abzuschneiden und es in Streifen griffbereit an der Tischkante ankleben.

Weiterführung

Man kann Rasseln in anderen Formen herstellen und mit anderen Materialien füllen, damit sie unterschiedlich klingen.

Es kann losgehen!

Abbildung 1: *Füllt die Bohnen (oder den Reis) in einen Becher.*

Abbildung 2: *Klebt die beiden Becher zusammen.*

Abbildung 3: *Beklebt sie rundherum mit dem Malerkrepp.*

Abbildung 4: *Bemalt die Rassel.*

Abbildung 5: *Verziert Eure Rassel.*

Künstlerische Inspiration: Rhythmusinstrumente

Es gibt ganz viele unterschiedliche Rasseln auf der Welt. Manche dieser Perkussions-instrumente existierten bereits vor 1500 Jahren. Die Menschen haben schon damals gern mit Rhythmusinstrumenten Musik gemacht. Es gibt Rasseln aus Holz, aus Kürbissen oder Samenkapseln, und mit allen wird Musik gemacht.

Afrikanische Maraca

1. Zuerst füllt Ihr Bohnen (oder Reis) in einen Becher (siehe Abbildung 1)
2. Legt den zweiten Becher mit der Öffnung nach unten über den ersten und klebt die Becher an den Rändern zusammen (siehe Abbildung 2).
3. Klebt so lange Malerkrepp auf die beiden Becher, bis das Plastik verschwunden ist (siehe Abbildung 3).
4. Legt Eure Rassel auf Wachspapier und bemalt sie rundum (siehe Abbildung 4).
5. Wenn alles trocken ist, könnt Ihr die Rassel noch mit den Lackmarkern verzieren (siehe Abbildung 5).

ISBN: 978-3-86355-134-6

ISBN: 978-3-86355-075-2

ISBN: 978-3-86355-135-3

ISBN: 978-3-86355-155-1

ISBN: 978-3-86355-113-1

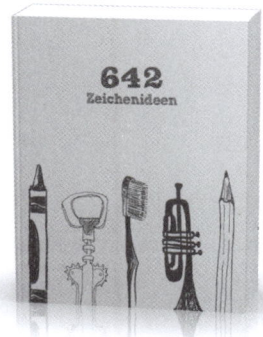

ISBN: 978-3-86355-091-2

www.editionfischer.de

Künstler, die zu diesem Buch beigetragen haben

Judith Andrews
www.judithandrews.squarespace.com

Darryl Joel Berger
www.darryljoelberger.tumblr.com.

Erik Boettcher
www.artstreamstudios.com/shop

Megan Bogonovich
www.meganbogonovich.com

Jan Burgwinkle
www.bemused.typepad.com

Lindy Carroll
www.lindycarroll.com

Judith Heller Cassell
Rochester, NH

Jennifer Curwood Stevens
Northwood, NH

John Terry Downs
Rumney, NH

Cada Driscoll
www.cadacreates.blogspot.com

Penelope Dullaghan
www.penelopedullaghan.com

Edibeth Farrington
Laconia, NH

Ashley Goldberg
www.etsy.com/people/ashleyg

Andy Goldsworthy
http://en.wikipedia.org/wiki/
Andy_Goldsworthy

Jessica Greene
www.jessgreenestudio.com

Heather Smith Jones
www.heathersmithjones.com

Jane Kaufmann
www.janekaufmann.com

Francine Kontos
Frantic100@comcast.net

Chloe Larochelle
www.chloelarochelle.com

Mati Rose McDonough
www.matirose.com

Albina McPhail
www.albinamcphail.com

Adam Pearson
www.pearsonsculpture.com

Carol Roll
www.nostalgicfolkart.com

Mitchell Rosenzweig
www.mitchellrosenzweig.com

Anne O. Smith
Strafford, NH

Tim Wirth
www.timwirth.com

Matt Wyatt
www.rochestermfa.org

Ich möchte mich hier bei all den jungen Künstlerinnen und Künstlern bedanken, die an der Entstehung des Buchs mitgewirkt haben: Ethan, Ava, Kendall, Teagan, Camarus, Cidarah, Sydney, Owen, Lucy, Miles, Pearson und Landon. Mit Eurer harten Arbeit und Eurem fröhlichen Lachen habt Ihr ganz wesentlich dazu beigetragen, dass es richtig Spaß gemacht hat, dieses Buch zu schreiben! Natürlich danke ich auch Euren Eltern, die Euch ins Atelier gebracht und Euch zu dem gemacht haben, was Ihr seid.

Danksagung

Eigentlich ist dieses Buch in den letzten zweiundzwanzig Jahren entstanden. Das ist die glückliche Zeit, in der ich mit meinen beiden Töchtern zu Hause im Atelier und mit Hunderten von anderen Kindern verschiedensten Techniken und Materialien ausprobiert habe. Für diese ungemein bereichernden Erfahrungen bin ich äußerst dankbar.

Ein herzliches Dankeschön all meinen Schülern bei *artstream*, die in den vergangenen Jahren mit mir an den Projekten gearbeitet und ihre Inspirationen so großzügig mit mir geteilt haben. Ich danke meiner Mutter, die mich immer machen ließ, was ich wollte; John Terry Downs, der mir in den ersten Jahren immer vermittelt hat, dass ich Zutrauen haben darf in die Kunst und in das Vermitteln von Kunst.

Mein Dank gilt auch meiner Familie, die meine kühnen Ideen unterstützt und mich oft an ihrer eigenen Kreativität teilhaben lässt. Ich liebe Euch von ganzem Herzen!

Ich danke Mary Ann und Betsy beim Quarry Verlag, von denen ich gelernt habe, dass „Bücher machen" eine fröhliche, professionelle und ganz besondere Tätigkeit für mich ist.

Von ganzem Herzen danke ich meiner großen Liebe, Rainer Schwake, dem es immer gelingt, Kinder zum Lächeln zu bringen.

Bildnachweise

Foto: Chloe Larochelle

Susan Schwake ist Künstlerin, Kunstlehrerin und Kuratorin. Sie stellt ihre eigenen Arbeiten in Galerien überall in den Vereinigten Staaten und Europa aus und verkauft ihre Werke über das Internet und in ihrer eigenen Galerie *artstream*. Susan Schwake hat an jurierten öffentlichen Ausstellungen teilgenommen und großformatige ortsbezogenen Kunstwerke geschaffen.

Ihre Leidenschaft für das Unterrichten und das Schaffen von Kunst zusammen mit anderen begann schon mit einer Idee in der vierten Klasse. Susan Schwake arbeitet an unterschiedlichen Orten wie Schulen, Gemeindezentren, sozialen Einrichtungen, Ferienlagern, generationenübergreifenden Einrichtungen, Büchereien und in ihrer eigenen kleinen Kunstschule. In den letzten zwanzig Jahren hat sie Hunderte von Menschen unterrichtet.

Im Jahre 1997 hat sie in der Kinderabteilung ihrer örtlichen Bücherei eine Dauerausstellung mit Kunstwerken von über hundert Kindern eingerichtet. Zum zehnjährigen Bestehen 2007 wurden die Exponate der Ausstellung ergänzt. Im Jahr 2000 organisierte die Künstlerin ein ähnliches Projekt generationenübergreifend mit 400 Menschen im Rahmen einer neuen zentralen Notrettungs-Einrichtung und brachte über das gemeinsame Schaffen von Kunst Mitarbeiter, Familien und Kunden einander näher. Sie hat jeweils längere Zeit an öffentlichen und privaten Schulen unterrichtet, Projekte mit ganzen Schulen durchgeführt, mit Behindertengruppen gearbeitet und Einzelunterricht erteilt.

Im Jahr 2005 begann Susan Schwake ihren Blog *artesprit*, erweiterte damit ihr Repertoire um das Schreiben und die Fotografie, und lernte dabei in aller Welt neue Künstler und viele Freunde kennen.

Susan Schwake ist Miteigentümerin und Kuratorin der Galerie *artstream* in Rochester, New Hampshire. Mit großer Begeisterung organisiert sie Gruppenausstellungen für zeitgenössische Kunst in New Hampshire. Am meisten Freude bereitet es ihr jedoch, dass sie täglich mit ihrem Mann zusammenarbeiten kann und die Möglichkeit hat, das zu tun, was sie am liebsten tut.

Blog: www.artesprit.blogspot.com

Website: www.susanschwake.com

Galerie: www.artstreamsudios.com